AF196277

Aus meinem Herzen

Eine Ruhrgebiets-Autobiographie

Ilse Seck

Aus meinem Herzen - Ilse Seck

Impressum:

© 2017 Ilse Seck
Umschlaggestaltung: Kreativ B.druckt, Marl

Druck und Verlag: tredition GmbH, Hamburg

ISBN
Paperback   978-3-7345-9214-0
e-Book   978-3-7345-9215-7

Printed in Germany

Inhaltsverzeichnis

Kapitel 1

Heute am 28.9.2015 beginne ich, meine Biografie zu schreiben. Meine ersten Erinnerungen gehen zurück an ein Haus in der Zechensiedlung Marl-Brassert. Heute ist dieses Haus eine türkische Begegnungsstätte. Ich erinnere mich, dass ein schlanker Mann mit Schnäuzer mich in die Luft warf, mich wieder auffing und dann an sich gedrückt hat. Das tat mir gut.

Als nächstes ist mir dieses schicke Treppenhaus aufgefallen und ein Mädchen, das mit mir spielte. Nach den Familienfotos zu urteilen, war der Mann mein Großvater mütterlicherseits, der kurz darauf tödlich verunglückte. Das Mädchen war Ute, aus der Wohnung über uns.

Heute treffe ich sie noch ab und zu auf dem Friedhof, wenn wir die Gräber unserer Mütter besuchen.

In unserem Familiengrab liegt auch mein Vater und ein Stückchen weiter in der Grabreihe meine im Jahr 2000 verstorbene ältere Schwester Uschi, die ich sehr geliebt habe. Dann gab es in unserer Familie noch meinen jüngeren Bruder, der die steinerne Treppe heruntergefallen war und danach fürchterlich schrie und am Kopf blutete.

Er war wohl ungefähr zwei Jahre alt und ich knapp vier. Damals. In diesem Haus sehe ich noch heute vor mir, wie meine Oma

Paula im Garten arbeitete, mühselig das Unkraut zupfte, aber auch leckere Sachen erntete. Zum Beispiel die Kartoffeln, die aus dem Boden kamen und hinterher gekocht wurden.

Als ich mal wieder mit meiner geliebten Oma im Garten war - ich war ungefähr fünf Jahre alt - kam bei mir Langeweile auf, weil Oma zu viel Arbeit hatte. Ich war immer sehr neugierig, wusste auch, wo sich meine Eltern gerade befanden.

Sie bauten in der Blumensiedlung ihr von den Bomben zerstörtes Haus wieder auf. Das Arbeitsame von Oma Paula nutzte ich aus, um zu verschwinden. Ich wollte zu meinen Eltern. Dort angekommen sah ich ihnen zu, wie sie den Putz von den Steinen klopften, um diese dann für den Wiederaufbau nutzen zu können.

Meine Mutter brachte mich zu meiner Oma zurück, die fürchterlich weinte, denn sie hatte mich schon in der Nachbarschaft gesucht. Sie konnte sich nicht vorstellen, dass ich die knapp 3 km alleine gelaufen war. Sie hat mir dann gesagt, dass mich ja schließlich jemand hätte mitnehmen können. Die Geschichte vom schwarzen Mann aus der amerikanischen Besatzungsmacht, der ihr kurz zuvor Schokolade in den Kinderwagen meines Bruders geworfen hatte - daran denke ich noch heute.

An die Angst und Gefahren wegen des Krieges und an den Hunger - daran erinnere ich mich kaum oder eigentlich gar nicht.

Aber an meine liebe Mutter: Dass sie immer Kinder stillte. So beispielsweise meinen jüngeren Bruder, meine beiden Cousinen und von einer guten Bekannten das Kind. Sie hat die Kinder gekuschelt und sah dabei ganz glücklich und stolz aus.

Da sie so viel Milch hatte, schaffte sie das locker; hatte immer die Zeit für die Kinder, hat dabei gesungen und jedes kleine Kind musste das Händchen bewegen: „Wie das Fähnchen auf dem Turme." Sie war so eine, wenn sie morgens ein Kind bekommen hatte, ging sie schon abends wieder hamstern.
Diese starke Frau hat mich fünfundsechzig Jahre meines Lebens begleitet. Erst nach 65 Jahren verriet sie mir zwei brisante Familiengeheimnisse, die sie immer mit sich herumgeschleppt hatte.

Es waren auch Straftaten dabei, die unter anderem mit einem bestimmten Paragrafen zu tun hatten, davon erfuhr ich erst, bevor meine Mutter starb.

Aber mein Leben rollt jetzt ab. Die Zeiten mit meinem fast gleichaltrigen Bruder, der denselben Schulweg hatte wie ich. Aber sein Weg verlief immer anders als meiner. Während ich brav zur Schule ging, machte er zwischendurch seine Pausen. Er musste mit den Nachbarjungen seine Kräfte messen und immer der Stärkste sein.

Es war ihm gleichgültig, ob er sich in der Matsche, auf der Wiese oder in dem kleinen Bach herumwälzte. Auch ob seine Hose zerrissen war oder nicht, interessierte ihn wenig. In der Schule lief er dann halt so herum. Im Unterricht aufmerksam zu sein, das gelang ihm nicht. Er lenkte gern die Aufmerksamkeit auf sich.

Manchmal war zum Kämpfen keine Zeit, dann musste er sich beeilen, um auf den Wochenmarkt zu kommen, der nur ein paar Meter von unserer Schule entfernt war. Dort kaufte er sich entweder Tauben, weiße Mäuse, Kaninchen oder Ziertauben, besonders aber kleine Küken. Natürlich nahm er sehr zum Entsetzen seiner Lehrerin diese Tiere mit in die Schulklasse.

Klar. Sie brauchten auch mal ihre Freiheit und liefen dann zur Freude der Klassenkameraden durch das Klassenzimmer. Die Lehrerin hatte fast immer einen Nervenzusammenbruch. Lange machte sie das Theater auch nicht mit, bald kümmerte sich ein Lehrer um die Klasse. Doch das Kaufen der Tiere ging weiter.

Lehrer Reuter fragte: „Warum kaufst du die Tiere nicht nach der Schule?" Dann antwortete mein Bruder, dass dann die besten Tiere weg wären. Das Geld für die Tiere verdiente er sich, indem er Schrott sammelte und diesen an die Schrotthändler verkaufte. Er war eben da schon sehr geschäftstüchtig.

Leider musste ich zu dieser abenteuerlichen Zeit für fast eineinhalb Jahre nach Münster, in die Fachklinik Hornheide. Meine Mutter hatte an meiner rechten Wange ein rotes Fleckchen entdeckt, das nicht mehr weggehen wollte.
Da sie eine Freundin hatte, die am Gesundheitsamt arbeitete, besorgte diese uns einen Termin bei einem Professor aus Münster, der gerade in Marl zu Gast war. Und so wurde ich

gründlich untersucht, und es wurde dabei unter anderem ein Hautlupus entdeckt.

Das bedeutete, dass ich schon kurze Zeit später in einem Zug nach Münster saß, begleitet von einer Dame des Gesundheitsamtes und schon am Nachmittag in einer anderen Welt war: Eine große weiße Holzbaracke mit einem großen Schlaf- und Speisesaal. Einer Kapelle für die Nonnen, einem langen Flur und einer Küche, das war jetzt mein zu Hause.

Ich habe am Abend geweint und in der Nacht ins Bett gemacht. Ich habe mich sehr geschämt, war sehr still und schüchtern und habe anfangs manchmal Tränen vergossen und Heimweh gehabt. Doch dann habe ich mich angepasst.

Meine Familie durfte mich nicht besuchen. Nur einmal kam meine Mutter nach einigen Monaten und brachte mir meine Puppe und einmal, nach einer für mich endlos langen Zeit, kam meine geliebte Oma, nach der ich mich so sehr sehnte. Es gab kein Telefon, und schreiben konnte ich auch nicht, manchmal kam eine Karte oder ein Brief, die mir dann vorgelesen wurden.

Zu kaufen gab es auch nichts. Wahrscheinlich hatte ich noch mehr Krankheiten, die eventuell ansteckend waren. Und so verbrachte ich mehr als ein Jahr, also das ganze zweite Schuljahr und den Beginn des 3. Schuljahres, im Krankenhaus.

Dieses Kinderkrankenhaus war neben einem großen Gebäude, dem eigentlichen Krankenhaus, in dem sämtliche Untersuchungen und Behandlungen stattfanden. Ich erinnere mich besonders an eine blaue Kobaltstrahlenlampe, die meinen Flecken auf der Wange bestrahlte, was fürchterlich brannte.

An so graue Umhänge, die Strahlen abhalten sollen, erinnere ich mich schemenhaft. Vielleicht tun deshalb meine Knochen und Gelenke heute oft so sehr weh. Es wurden begleitend Röntgenaufnahmen gemacht und es gab viele Untersuchungen und Behandlungen, die im Hauptgebäude durchgeführt wurden. Unter anderem Höhnsonnenbestrahlungen und Wassergymnastik, aber ebenso Waldspaziergänge, Freizeit und auch anderweitige Beschäftigungen.

Den Tag verbrachte ich mit den anderen mehr oder weniger kranken Kindern, mit Schwester Maria Marilla, einer Ordensschwester, einer Frau für Küche und fürs Putzen - sie hieß Agnes - und einem Hausmeister, der für die Anlagen und Reparaturen zuständig war.

Es war aber nicht so, dass wir wie Kranke bedient und verwöhnt wurden. Nein, wir mussten auch immer mithelfen, und wenn wir mal ungehorsam waren, mussten wir mit einem schweren Bohnerbesen den Flur bohnern, bis er glänzte. Einmal bekam ich keine Luft mehr von der Anstrengung, denn meine Lunge war auch krank.

Die Schwester und Agnes waren sehr streng.

Es gab aber auch Spaziergänge im nahegelegenen Wald. Da konnten wir Eichhörnchen und Rehe bewundern und lernten, Vogelstimmen zu erkennen. Im angrenzenden Park blühten zur

Osterzeit viele hunderte Narzissen. Und auf den großen Wiesen durften wir den ganzen Sommer lang spielen. Wir machten Leiterwagenfahrten mit dem Hausmeister in der Umgebung.

Und kirchliche Feste, wie das Erntedankfest, wurden mit uns gemeinsam vorbereitet.

Zu Weihnachten wurde am Ende des langen Flures ein großer Altar aufgebaut mit einer Krippe. An einem Weihnachten bekam ich ein Paket von meiner Familie und was mich besonders freute, ein großes Paket von meiner Schulklasse. Das hatte die Mutter eines Mitschülers organisiert. Es war aber so, dass ich fast alles aus diesem Paket an die anderen Kinder verteilen oder auf dem Altar opfern musste.

Eine Kleinigkeit habe ich natürlich auch bekommen. Die anderen Kinder haben sich sicher auch über die leckeren Sachen gefreut, denn nicht jedes Kind bekam ein Paket von Zuhause. Im Winter schickten meine Eltern wieder Kleidung und ich freute mich wieder auf den Frühling, wenn die Natur erwachte.

Niemals wusste ich, wie lange ich noch bleiben müsste!

In dem neuen Schuljahr waren meine Mitschüler schon in der dritten Klasse, als ich dann endlich entlassen wurde.

Zuhause hatte man mir einen tollen Empfang bereitet. Über ein Jahr weg von Zuhause, da sah alles ganz anders aus. An der Haustür hingen Girlanden, ein herzliches Willkommen in großen Buchstaben, überall war alles bunt geschmückt und die ganze große Familie war da und wir haben lecker gegessen und viel erzählt.

Und dann musste ich wieder in der Schule angemeldet werden. Da hat man überlegt, ob ich nach mehr als einem Jahr überhaupt noch in meine alte Klasse gehen könnte. Der Schulrat wurde informiert und kam. Die Rektorin und die Klassenlehrerin haben mich geprüft, ob ich den Anschluss schaffen würde. Probeweise hat man es versucht, und ich habe den Anschluss geschafft.

Als ich dann in meiner alten Schulklasse war, wurde ich von allen betrachtet und manchmal ein bisschen ausgelacht, wenn ich nicht wusste wie viel 5 × 5 ist. Schnell habe ich dann zu Hause das Einmaleins gelernt. Und so nach und nach habe ich alles aufgeholt, was ich versäumt hatte und konnte sogar nach der fünften Klasse zur Realschule gehen.

Meine Klassenlehrerin hat es mir nicht so ganz zugetraut und war sehr erstaunt über meinen Entschluss.

Ich gehörte nicht zu den Kindern, die von dem geschlachteten Schwein zuhause Fleisch mit in die Schule brachten, um eine Qualifikation für das Gymnasium oder die Realschule zu bekommen. Ich glaube, ich habe als einzige aus meiner Klasse die Aufnahmeprüfung in der Realschule bestanden und später ohne Komplikationen einen guten Abschluss erreicht.

Während dieser Schulzeit habe ich noch eine kleine Schwester bekommen, um die ich mich wie eine Mutter gekümmert habe. Denn meine Mutter hatte noch einen kleinen Laden, für den sie

11

viel Zeit brauchte, der aber nicht viel einbrachte, weil wir selbst die besten Kunden waren. Manche Leute aus der Siedlung dachten schon, meine Schwester sei mein Kind, denn ich war ja schon 14 Jahre alt und bereits mit 13 Jahren schon 173 cm groß.

Diese Körpergröße störte meine Realschullehrerin am ersten Schultag in der neuen Schule. Ich saß in der letzten Bank und kramte mein neues Etui aus meiner Schultasche.

„Du Lange dahinten, steh mal auf! Wie oft bist du eigentlich schon sitzen geblieben?", fragte sie mich. Ich stand brav auf, hatte wohl gestört, wäre aber am liebsten weggelaufen. Zum Glück war diese Frau nur eine Vertretungslehrerin. Die anderen Lehrer und Lehrerinnen waren fast alle nett. Nett waren auch alle meine Klassenkameraden.

Während der Schulzeit war ich manchmal krank, hatte häufig Mandelentzündung, einmal eine starke Anämie und musste jeden Morgen vor der Schule zum Arzt zum Spritzen. Aber vor allen Dingen konnte ich nicht gut laufen.

Einmal hat mich der Schuldirektor beim Rennen angefeuert, wir hatten Sportfest. Er konnte nicht verstehen, dass ich mich nicht mehr angestrengt habe, aber es ging nicht mehr. Er wusste nichts von meiner Vorerkrankung. Aber ich hatte das Gefühl, dass er mich sehr mochte.

Als meine Mutter mich aus Kostengründen nach der 8. Klasse in die Lehre schicken wollte, es war ja die Nachkriegszeit, vier

Kinder, ein Haus gebaut, Schulgeld zahlen - da wuchs ihr finanziell alles über den Kopf.

Unser Schuldirektor hat dafür gesorgt, dass ich bleiben konnte. Er hat das Schulgeld erlassen, Bücher und Hefte bekam ich von da ab von der Schule gestellt. Das war auch gut so, denn die Grundlage, die ich da bekommen habe, hat mir im Leben in meiner Ausbildung und in meinem Umgang mit anderen Menschen sehr viel weitergeholfen.

Es war leider so, dass die Lehrer uns nicht so sehr vermittelt haben, dass wir gut sind, und aus diesem Schulabschluss noch viel mehr machen könnten. Es gab damals noch nicht so viele Möglichkeiten wie heute, besonders nicht für Mädchen.

Die Frauen hatten nicht so viele Rechte. Meine Mutter bekam nur Wirtschaftsgeld und war in vieler Hinsicht rechtlich eingeschränkt.

So war es eben zur Zeit des Hitlerregimes. Die Frauen mussten sich ihre Rechte, also die Gleichberechtigung, erst erkämpfen. Diese wurde 1949 per Gesetz verabschiedet. Das Gesetz greift bis heute noch nicht ganz, und manchmal glaubt man, das wird nie ganz gleich zwischen Männern und Frauen, allein schon wegen der Kinder.

In höhere Positionen kommen immer noch die Männer, und der Verdienst und damit die zu erwartende Rente ist bei Frauen immer noch geringer, obwohl sie es sind, die dem Staat die neuen Erwerbstätigen bringen.

Ich habe es in meiner Berufsausbildung auch zu spüren bekommen.

Mein eigentlicher Wunsch war es, Erzieherin zu werden. Ich hatte mich aber noch bei der Sparkasse beworben und die Aufnahmeprüfung bestanden und bei den damals Chemischen Werken Hüls fürs Büro, da ging auch eine Bewerbung hin.

Mein Test muss dort so gut gewesen sein, dass man meinen Vater, der dort beim Werkschutz beschäftigt war, so sehr bearbeitet hat, dass ich den Anlernvertrag auf sein Drängen hin, unterschrieb.

Ich betone: Anlernvertrag. Frauen durften nicht, wie die Jungen aus unserer Klasse, eine kaufmännische Ausbildung machen, sondern sie konnten nur den Beruf der Bürogehilfin erlernen. Ich habe damals einen ziemlichen Aufstand gemacht, als ich dahinterkam.

Aber es hat nichts genutzt, erst ein paar Jahre später war es soweit. In der Berufsschule fühlte ich mich ehrlich gesagt unterfordert, habe auch als Beste meine Abschlussprüfung gemacht und anschließend noch eine Sekretärinnen Prüfung abgelegt.

Zu dieser Zeit bin ich immer abends nach der Arbeit und samstags mit dem Bundesbahnbus nach Essen gefahren und habe dort eine hoch qualifizierte Weiterbildung erhalten. Die Realschule gab mir die Grundlage und hat bei mir einen bleibenden Eindruck hinterlassen.

Vor unserer Schulentlassung haben wir noch eine Abschlussfahrt nach Berlin gemacht. Wir waren u.a. auch einmal, so kurz vor dem Mauerbau, im Berliner Osten. Hier durften wir nach einer Kontrolle durch das Brandenburger Tor fahren.

Das Pergamonmuseum wurde besichtigt und einige Denkmäler und viele bedeutende Plätze und uns fiel auf, dass alles schon sehr russisch geprägt war. Und viele russische Soldaten mit Gewehren und ernsten Mienen standen überall herum.

Im Westen Berlins, in unserer Unterkunft angekommen, zogen wir abends los und durften feiern. Tagsüber haben wir alle markanten Punkte besucht und es war locker und befreiend, während im Osten unser Direktor immer zur vorgeschriebenen Disziplin mahnte und bei uns ein bisschen Angst im Spiel war, auch als wir in Helmstedt über die Grenze fuhren. Dort wurde unser Bus durchsucht und wir wurden bei persönlicher Befragung durch die Volkspolizei von diesen Männern eingeschüchtert.

Hierzu muss man wissen, dass der westliche Teil Berlins nämlich in der russisch besetzten Zone lag, und auf der Fahrt von Helmstedt nach Berlin und zurück sahen wir vom Busfenster aus Männer mit Maschinengewehren im Straßengraben liegen, schussbereit bei jedem falschen Verhalten. Das war sehr angsteinflößend!

Der Mauerbau war nicht mehr fern, er kam ein paar Monate später, man sah es in den Medien. Menschen, die noch schnell in den Westen fliehen wollten, wurden erschossen von der Volkspolizei der DDR.

Mit großem Aufwand wurde die Mauer 1961 gebaut und der ganze östliche Teil Deutschlands erhielt eine unüberwindbare Grenze mit schussbereiten Wachposten.

Zu unserer Schule gehörte ein Schullandheim. Zwei- oder dreimal durften wir mit unserer ganzen Klasse jeweils 14 Tage dort verbringen. Das war eine herrliche Abwechslung. Mit der Familie Urlaub zu machen, war vielen zu dieser Nachkriegszeit noch nicht möglich. Die Eltern waren schon froh, wenn sie sich zu dieser Zeit einen Fernseher auf Abzahlung kaufen konnten oder einen Koboldstaubsauger.

Wir hatten schon einen Fernseher 1954 zur Fußballweltmeisterschaft. Da war die halbe Nachbarschaft bei uns im Wohnzimmer.

Zurück zum Schullandheim. Schullandheim Veckerhagen war da schon etwas ganz Besonderes. Hier gab es Wanderungen und Besichtigungen. Wir nahmen unsere Mahlzeiten gemeinsam ein und verbrachten die Freizeit auch miteinander.

Natürlich wurde auch etwas gelernt, aber es war nicht so streng wie in der Schule. Im Nachhinein betrachtet, hat uns Schüler die Zeit sehr nah aneinander gebracht.

Heute noch, nach über 50 Jahren, treffen wir uns regelmäßig und jedes Mal ist es so, dass wir uns freuen und ganz nah miteinander sind. Dort, in Veckerhagen, entstand sogar eine Liebe zwischen einer Mitschülerin und einem Mitschüler, die heute noch besteht.

Diese beiden Menschen gehören zu meinem engsten Freundeskreis.

Realschule hat mit Realität zu tun. Neben den allgemein üblichen Fächern lehrte man uns zu kochen, zu nähen, selbst das Maschinenschreiben hat man uns dort beigebracht.

In der Aula durfte ich immer Gedichte vortragen. Einmal bin ich leider an einem Goethegedicht gescheitert. Ich hatte einen „Blackout", wie man heute sagen würde.

Man war auch großzügig, wenn es mal um Schulbefreiung ging. Meine kleine Schwester war einmal, als sie noch keine drei Jahre alt war, in heißes Wasser gefallen. Drei Wochen lang lag sie auf Leben und Tod. Unsere ganze Familie hat sich abgewechselt, so dass ständig jemand bei ihr im Krankenhaus war. Sie war dritten Grades verbrannt und hatte kaum eine Überlebenschance.

Natürlich war ich von den Hausaufgaben befreit und auch oft von den Schulstunden. Ich erinnere mich noch daran, dass ich einmal vollkommen durchnässt in der Schule ankam. Meine Lehrerin, die nahe der Schule wohnte, ging schnell nach Hause und holte mir von sich trockene Kleidung.

Gern erinnere ich mich daran, dass wir während der Schulzeit zur Tanzschule gehen konnten. Bei dem Abschlussball war unsere ganze Lehrerschaft vertreten.

In der Schule ging es in Bezug aufs Lernen streng zu, aber in Ausnahmefällen spürte man immer eine Herzlichkeit und Menschlichkeit, so auch beim Übergang ins Berufsleben.

Werte wie Herzlichkeit, Menschlichkeit, Nächstenliebe, Glaube, Ehrlichkeit wurden mir zuhause vermittelt.

Zuhause, das war das neu errichtete Haus, da wohnten meine Eltern, anfangs wir drei Kinder, später waren es vier, und meine Oma, die uns vorher in ihrer Zechenwohnung aufgenommen hatte, als die Bomben das Elternhaus meines Vaters zerstört hatten. Sie war Witwe, weil Opa tödlich verunglückt war.

Direkt nebenan in einer Holzbaracke lebte die andere Oma, die aus Ostpreußen kam. Sie war inzwischen ebenfalls Witwe, weil der Opa tot in einem Bombenloch gelegen hatte. Außer meinem Vater hatte sie noch einen Sohn, der jedoch im Krieg gefallen war.

Die älteste ihrer zwei Töchter war schon außer Haus und hatte selbst schon 6 Kinder, da half die Oma manchmal aus. In der Baracke lebte Oma mit ihrer kleinen Tochter, die kaum älter war als meine ältere Schwester.

Etwa sechs dieser Barackenhäuser, für 12 Familien insgesamt, hatte man direkt nach dem Krieg aufgebaut, damit die Menschen ein Dach über dem Kopf hatten. Die andere Hälfte der Baracke bewohnten die Nachbarn, denn deren Haus war auch von den Bomben zerstört worden. Die Baracke blieb stehen, bis wir 1997 anfingen, unser Haus zu bauen. Die Oma, die vorher darin gewohnt hatte, war schon tot.

Zu der Anfangszeit gab es noch keine Kanalisation in unserer Siedlung und ich erinnere mich noch, dass in der Baracke anfangs ein Plumpsklo war. Trinkwasser bekam man aus einer Pumpe und darum musste es immer abgekocht werden.

Im gemeinsamen Garten wurde Gemüse angebaut und die Straßen rundherum waren noch nicht gepflastert. Sie bestanden aus festem und sandigem Boden.

Durch die Straßen fuhren überwiegend Pferdefuhrwerke; der Bäcker hielt an bestimmten Stellen an und man konnte dann zum Wagen gehen und kaufen. Brot kostete damals nur ein paar Groschen und ein Brötchen 5 Pfennige. Selbst der Kartoffelhändler fuhr durch die Straßen, ebenso der Lumpen- und Schrotthändler sowie der Milchbauer.

Die Oma, die mit uns im Haus wohnte, war nicht nur die wahre Liebe in Person, sondern sie half meiner Mutter sowohl bei der Hausarbeit wie auch finanziell. Sie bekam eine gute Rente, denn mein Opa war Holzmeister bei der Zeche Brassert, bevor er starb. Für uns Kinder war das ein Segen, denn so eine Oma hatte nicht jeder. Ich meine - nicht wegen des Geldes.

Oma erzählte Geschichten, wir konnten mit ihr im Bett kuscheln, für fast jede Krankheit hatte sie ein Naturheilmittel und wenn es nur das Bauchstreicheln war, wenn man mal einen grünen, unreifen Apfel gegessen und dadurch bedingt Bauchschmerzen hatte.

Ich fand sie schön und elegant. Sie trug viel schwarze Kleidung, hatte aber immer einen steifen glatten, weißen Kragen oder einen noch feineren aus edler Spitze. Und wenn wir verreisten, hatte sie einen schicken Hut auf. Damit Oma noch schöner wurde, habe ich sie stundenlang frisiert, und sie hat stillgehalten.

Sie war immer froh, wenn sie mal sitzen konnte und manchmal fielen ihr die Augen dabei zu.

Ein paarmal habe ich Oma geschockt. Mit einer Brennschere, die Locken zaubern konnte, habe ich sie im wahrsten Sinne des Wortes bearbeitet. Ich legte die Schere auf die Herdplatte unseres Kohleofens, der in der Küche stand und wenn die Schere heiß genug war, wurden Omas Haare gelockt. Diese Schere hatte zwei Griffe, die in meiner Hand lagen. Die Haare wurden geformt, indem man eine Gabel, die sich am vorderen Ende der Schere befand, auf die Kopfhaut schob und mit dem darüber befindlichen wellenförmigen Eisen die Haare quetschte.

Das Problem war nur, dass die Schere einmal so heiß war, dass Omas Haare wegbrannten. Ich glaube, das ist wirklich nur einmal passiert, weil mir die Oma viel zu Leid tat, um ihr Schmerzen zuzufügen. Absichtlich schon gar nicht. Daher ließ ich sie von da ab immer erst probieren, ob die Schere auch nicht zu heiß war.

Sie trug es aber mit Fassung und hat sich trotzdem weiter von mir frisieren lassen. Ich hatte jedoch Schuldgefühle und habe jeden Tag geguckt, ob die Haare wieder nachwachsen. Noch heute schneide ich anderen Menschen die Haare. Und das gerne. Eigentlich schon seit meiner Schulzeit, als wir kein Geld hatten für einen Friseur. Da habe ich mich zum Entsetzen meiner Mutter vor einen Spiegel gestellt und meine Zöpfe abgeschnitten und mir, wie es damals modern war, einen Streichholzschnitt verpasst.

Bis heute bin ich in allen Variationen vertraut und immer mein eigener Friseur geblieben. Doch zurück zu meiner bewundernswerten Oma.

Sie war nicht nur geduldig, fleißig und schön, sie war auch sehr intelligent, konnte jede Frage beantworten, ob Geschichte, Geografie oder Politik, auch die praktischen Dinge des Lebens und Wahrsagen, eigentlich, wenn ich es so überdenke: Alles konnte sie.

Geschichten erfand sie, wusste aber auch vom letzten deutschen Kaiser zu berichten, den sie selbst gesehen hatte.
Sie ging mit mir manches Mal auf Reisen. Es war damals schon etwas Besonderes, wenn man mit dem Zug nach Langenberg fuhr, zu ihren eigenen Verwandten, zu dem Bauernhof, von dem sie abstammte.

Dort bin ich als Kind mit der berühmten Wuppertaler Schwebebahn gefahren. Ein anderes Mal fuhr sie mit mir mit der Straßenbahn nach Dortmund, zu den Verwandten meines verstorbenen Opas.

Ihre liebe Schwägerin Ida, die auch Witwe war, verwöhnte uns dann mit den leckersten Speisen. Da habe ich zum ersten Mal Pumpernickel gegessen mit einem halben, frischen Brötchen obendrauf, dazwischen dicke Butter, das war schon was nach dem Krieg.

Auch ging meine Oma mit mir in ein heute noch bekanntes

Lokal mit einer romantischen Gartenanlage, und ich habe dort zum ersten Mal eine eiskalte Bluna, eine Orangenlimonade, getrunken. Solche Geschmäcker vergisst man nie.

Sie hat mir die schönen Dinge des Lebens gezeigt und genau so hat sie mir später beigebracht, wie man vernünftig putzt. Sie hat ein Wasserglas gegen das Licht gehalten und nur, wenn es ganz klar abgetrocknet war, war es auch sauber.

„Beim Treppenwischen und Fensterputzen musst du den Lappen um den Zeigefinger legen und in den Ecken putzen", hat sie gesagt.

Ich habe sie lachen und leiden gesehen. Manches Mal hat sie geweint. Mein Vater war öfter ungerecht zu ihr, weil er eifersüchtig war. Und weil sie immer so eine Gute war, konnte sie es einfach nicht begreifen. Sie wehrte sich dann nicht, sondern weinte nur still vor sich hin und wollte nicht, dass ich das sehe. Aber einige Male habe ich sie dabei erwischt und sie tat mir fürchterlich leid.

Später zog sie dann in eine eigene Wohnung, ganz in unserer Nähe und ich ging oft zu ihr.

Mein Vater hatte Arbeit im Chemischen Werk bekommen. Vor dem Krieg wollte oder war er in der Steigerschule. Nach seiner Kriegsbeschädigung war es nicht möglich, im Bergbau weiter zu arbeiten. Anfangs soll er meines Wissens nur 37 DM verdient haben. Da war es gut, dass wir unsere Oma hatten.

Vater war fleißig und hat sich bis zum Angestellten hochgearbeitet. Nach dem Motto „Dienst ist Dienst und Schnaps ist Schnaps" hat er dort 40 Jahre geschafft. Zu Hause war er oft dominant und eigenwillig.

Doch meine Mutter kämpfte und ließ sich nicht verbiegen. Sie hat so manchen Kampf mit ihm ausgefochten und gewonnen. Viel ging es um das liebe Geld, das immer er eingeteilt hat. Und wisst ihr: Nicht nur beim Schach und Kartenspielen hat sie ihn manchmal mattgesetzt.

Stundenlang ist von den Erwachsenen Skat gespielt worden, später war mein Jürgen mit dabei. Die Kupferpfennige wurden dabei hin und hergeschoben, und es wurde geraucht, dass man manchmal nur eine graue Wolke sah. Getrunken wurde ebenso. Viele Male stritten sie sich um ein paar Pfennige oder ums Mogeln, doch sofort war eigentlich alles wieder gut und wie Süchtige spielten sie dann weiter.

Im Fernsehen war noch nicht viel los, es gab höchstens zwei Programme. Ab und zu einmal eine Unterhaltungs- oder Musiksendung. Mit Frankenfeld oder Kulenkampff oder auch mit Catharina Valente, die mein Vater so liebte, oder Peter Alexander. Dokumentarfilme wurden gezeigt, zum Beispiel von Professor Grzimek über die Tiere der afrikanischen Wildnis.

Wir Kinder spielten lieber Mau-Mau oder 1001 - oft mit den Erwachsenen. Fernsehen durften wir in Ausnahmefällen, manchmal Millowitsch. Wir spielten außer Karten andere

Gesellschaftsspiele in der Familie, „Mensch ärgere dich nicht" und so etwas.

Wenn es mal zwischen meinen Eltern Streit gab, z.B. auch wegen des verschiedenen Glaubens, dann flossen bei meiner Mutter die Tränen, aber große Achtung und Liebe habe ich Gott sei Dank immer wieder bei den beiden gespürt.

Manches Mal gab es Machtkämpfe, die gibt es in meiner Ehe heute noch, aber da finde ich es normal, deshalb kann man doch eine gute Familie sein. Meine Tochter hat einmal gesagt, wenn wir uns zeitweise gestritten hatten, konnte sie hinterher immer sehen, dass wir uns anschließend wieder in den Arm genommen und uns vertragen hatten.

Wenn mein Vater es auch nie glauben wollte, ich glaube aber, dass meine Mutter die Stärkere war. Das häufige wieder Vertragen brachte ihr aber manche ungewollte Schwangerschaft ein. Der Fritz würde nie aufpassen, sagte sie dann, vom Eisprung wusste sie nichts, und die Pille gab es noch lange nicht. Und ich selbst wusste gar nichts von Aufklärung.
Nur manchmal habe ich bei meiner Mutter Angst und Heimlichkeiten gespürt, fand aber nie eine Erklärung.

Da kam manchmal eine fremde Frau ins Haus und meine Mutter ging mit ihr in die obere Etage. Oma hat uns dann Geschichten erzählt. Einmal bin ich ihr entwischt und habe oben an einer Tür gelauscht aber nichts entdeckt. Weil dann alles wie gewohnt weiterlief, habe ich mir nicht mehr viele Gedanken darüber gemacht.

Draußen auf den Straßen haben wir dann mit den Kindern aus der Nachbarschaft gespielt. Völkerball, Schlagball, Hinkeln, Pinnchen usw. Man konnte mit einem Stock tiefe Rillen in den sandigen Straßenboden ziehen und Felder einzeichnen oder einen Hinkelkasten ziehen oder eine tiefe Rille formen, über die man das Pinnchen legte, welches man mit einem Stock weit weg schlug.

Überall gab es Blumenwiesen und nahe den Bauernhöfen rund um unsere Siedlung gab es Bäche und Wäldchen, die wir Geschwister oft aufsuchten, um dort zu spielen. Verstecken, Fangen, Buden bauen. Mutter und Kind, mit Puppen spielten wir Mädchen, und die Jungen hatten oft abenteuerlichere Ideen. Da wurde es oft viel zu schnell dunkel.

Bei der Kornernte halfen wir den Bauern mit und durften auch Kartoffeln stoppeln, die abends manchmal auf einem Stock gespießt über einem Feuerchen gegart wurden.
Kinderschützenfeste gab es jedes Jahr von unserer Siedlergemeinschaft.

Als ich schon ca. 10 Jahre alt war, wurde in unserer Nähe ein Schwimmbad gebaut für Werksangehörige, zu denen wir dank meines Vaters Beschäftigung dort gehörten.
Unsere Eltern waren immer so beschäftigt, gleichzeitig aber beruhigt, weil unsere große Schwester auf uns, meinen Bruder und mich aufpasste, so dass wir dadurch auch Freiheiten hatten, die wir ausnutzten.

Meine Schwester konnte schon schwimmen, sie war Rettungsschwimmerin und im DLRG, und mein Bruder und ich, wir wollten es lernen. So sind wir heimlich losgezogen und haben uns dank meiner Schwester selbst das Schwimmen beigebracht. Eines Tages haben wir unseren Vater mit ins Schwimmbad genommen.

Wir sollten nur ins Kinderbecken gehen, und er wollte sich am Rand gemütlich auf die Wiese legen. Da musste er aber mit ansehen, dass wir auf den großen Steg, der ins Tiefe führte, liefen und kopfüber in das Wasser sprangen und dann losschwammen. Er bekam einen großen Schreck, aber war dann stolz auf uns.

Miteinander zu spielen war schön, aber Schule war wichtiger. Ohne Hausaufgaben zur Schule oder keine Englischvokabeln lernen, das ging nicht. Heute schreibe ich noch flüssig englische Briefe, habe aber mit meinen Kindern und Enkelkindern weiter gelernt. Wir Mädchen waren da brav.
Mein Bruder sah die Sache anders.

Heinz hatte mal wieder keine Hausaufgaben gemacht, und dann musste meine Mutter unterschreiben und weinte dann manchmal. Das tat ihm zwar leid, aber er änderte nichts daran. Er hat sie manchmal geschockt. Da wollte sie in der Waschküche in ihre Stiefel steigen, und da waren die kleinen weißen Ziermäuse drin, weil er den Käfig nicht abgesperrt hatte.

Oder sie musste ohne Feuerwehr einen brennenden Busch löschen, wir haben alle mitgeholfen. Feuerchen zu machen, das war doch so schön.

Trotz aller Lustigkeit und mancher Katastrophen war er derjenige, der es beruflich von uns allen am weitesten gebracht hat. Bei seiner Meisterprüfung in Ulm war er der jüngste Meister der Innung und bald selbstständig. Er war fleißig, gut zu seinen Kunden und wurde sehr erfolgreich.

Nach seiner Lehre als Heizungsbauer ging er zur Bundeswehr und ließ sich der Liebe wegen nach Sigmaringen versetzen, heiratete schon früh, so dass meine Eltern noch unterschreiben mussten. Mutter und Vater waren traurig, als er ging, denn mein Vater hatte ihm schon eine Werkstatt gebaut, weil er gerne wollte, dass sein Sohn sich in Marl selbständig machen würde.

Aber so ist es nun mal im Leben, dass Kinder ihre Wege gehen, und so ist unsere ganze Familie seit 50 Jahren mit dem Schwabenland verbunden. Bei unserem ersten Besuch dort, dachten wir, dass wir im Ausland wären, wir mussten uns erst an den Dialekt gewöhnen.

Meine Schulwege, ob in der Grundschule oder in der Realschule, waren lang und anstrengend für mich. Von Drewer zur MartinLuther-Schule nach Brassert, das waren bestimmt 4 km, wenn nicht mehr, und mir kam es noch länger vor.

Sehr oft mussten wir an den Bahnschranken der Zechenbahn anhalten. Im Winter war es besonders schlimm, da haben wir oft lange gewartet, bis die voll beladenen Güterzüge vorbeigefahren waren, und wir haben schrecklich gefroren.

Dann ging es zu Fuß weiter. Die Realschule im Stadtteil Hüls war mindestens 5 km entfernt. Erst fuhr ich mit der Straßenbahn, später habe ich zu meiner Freude ein Fahrrad bekommen. Damals, als ich von der Schule nach Hause fuhr, hatte ich, je nachdem wie der Wind stand, einen süßlich ätzenden Geruch in der Nase. Das Chemische Werk ließ damals noch eventuell giftige Gase ab. Mein Vater erzählte, dass zu dieser Zeit noch viele Chemikalien in die Lippe geflossen sind.

Das hat sich Gott sei Dank später geändert. Man wurde umweltbewusster und das war gut so!

Meine Schultasche war immer sehr schwer. Manches Mal hatte ich kaum Zeit, meine Hausaufgaben zu machen. Ich musste als Schulkind schon sehr viel zu Hause helfen, beispielsweise auf die kleine Schwester aufpassen, im Laden mitarbeiten, im Garten Unkraut ziehen, die Tiere versorgen und auch manchmal kochen. Aber es hat mir nicht geschadet.

Öfters fehlte mir aber auch ein bisschen Freizeit. So gut wie immer habe ich es für die Menschen gemacht, die ich liebte. Dabei habe ich aber auch selbst Liebe und Dankbarkeit erfahren. Trotz aller Arbeit habe ich zugesehen, dass ich so gut wie alles können würde, wenn ich mal heirate.

Ich ging in einen Nähkurs, weil ich unbedingt das Zuschneiden erlernen wollte. Das habe ich schnell begriffen, und die Gabe zum Nähen auf meine Weise ohne Fachkenntnisse hat mir viel gebracht. Kleidung, Gardinen, Änderungen: Das alles habe ich bis heute sehr oft gemacht.

Während der Schule und der Lehre ging ich auch noch zum Stenografenverein, da wollte ich auch perfekt sein. Das Höchste, was ich im Maschinenschreiben erreicht habe, waren 340 oder 360 Anschläge pro Minute. Deshalb nahm ich auch in anderen Städten an Wettschreiben teil. Und da ist es eines Tages plötzlich passiert. Nach einem Wettschreiben, als eine Schifffahrt von Bonn nach Niederbreisig startete, bin ich meiner ersten großen Liebe begegnet.

Jetzt hatte ich zum ersten Mal durch einen einzigen Blick Kribbeln im Bauch. Er war sehr groß, elegant und hübsch, und ich wusste gar nicht, dass ich vier Jahre mit ihm die Schule geteilt hatte. Er war zwei Klassen über mir gewesen, habe ich von ihm erfahren. Nie mehr habe ich den Rhein mit seinem bunten Herbstlaub rechts und links schöner gesehen.

Wir führten angenehme Gespräche, und ich hoffte, er würde sich mit mir verabreden. Selbst zu fragen, hätte ich mich nie gewagt, aber er merkte sich, wo er mich erreichen konnte. Das geschah nicht gleich, sondern immer so in Abständen von ca. zwei Wochen. Da rief er in meinem Büro an, und dann gingen wir zum Tanzen.

Er studierte in Essen und ich ging dort zur Sekretärinnen Schule. Es blieb aber eine platonische Liebe, denn nach einiger Zeit

offenbarte er mir, er brauche eine Auszeit, weil er noch nicht wüsste, ob er katholischer Pfarrer oder Arzt werden wollte.
Ich musste es schmerzlich akzeptieren.

Eines Tages in Essen, als wir gerade eine Schulpause hatten, ging ich mit einer Schulfreundin durch die Stadt. Um etwas auszuruhen oder das Stadtbild und die Leute anzusehen, blieben wir an einem Geschäftshaus am Eingang ganz nah am Bürgersteig stehen. Und ich traute meinen Augen nicht, hatte plötzlich Kniesacken, denn ER ging an uns vorbei, ohne zu grüßen.

Ich weiß bis heute nicht, ob man uns wirklich übersehen konnte, auf jeden Fall kam ich nach Hause und habe fürchterlich geweint und konnte gar nicht mehr aufhören.
Dass er sich nach einem halben Jahr noch einmal melden würde, daran habe ich da nicht mehr geglaubt.

Zirka zwei Wochen später rief eine Freundin an und meinte, ich solle unbedingt zu ihrer Party kommen. Ihre Eltern wären nicht da und sie hätte nette Jungs eingeladen. Ich wollte ums Verrecken nicht, denn ich wollte doch trotz allem treu bleiben, aber sie hat einfach nicht aufgehört zu betteln. So holte sie mich ab und ich bin dann eben mitgegangen.

Ich hatte mich gar nicht nach den Jungs umgeschaut, wurde aber auf einmal zum Tanzen aufgefordert. Schon beim ersten Tanz fragte er mich, ob ich einen Freund hätte. Ich war ehrlich, Gott sei Dank.

Er antwortete: „Entweder - oder, ich bin für klare Verhältnisse."
So etwas hatte ich noch nicht gehört und es hat mir sehr
imponiert. Wir tanzten öfter, später auch Blues, und er
verabredete sich am nächsten Mittwoch mit mir am Marler
Rathaus. Dieser Junge kam aus Westerholt, also nur ein paar
Kilometer von Marl entfernt.

In der Nacht darauf war es so, dass ich bei meiner Freundin blieb
und ich kein Auge zugemacht habe, und alles kreiste durch
meinen Körper. Trotz der Verabredung kam er am nächsten
Morgen noch einmal in die Partywohnung.

Kam er nur für mich? Am verabredeten Mittwoch hätten wir uns
fast verpasst, denn er wartete am alten Rathaus und ich am
neuen, was erst vor kurzer Zeit erbaut worden war.

Getroffen haben wir uns dann doch noch und gingen ins Kino,
und es gab zum Abschied ein Küsschen und wieder eine
Verabredung. Und so ging es weiter. Ich wusste inzwischen,
dass er aus einer Familie stammte, die in keinem Register stand,
dass er Handelsschüler war und seine Bundeswehrzeit
abgeleistet hatte sowie eine abgeschlossene kaufmännische
Ausbildung besaß.

Mein zukünftiger Schwiegervater hatte zugesehen, dass sein
Junge kein Bergmann werden müsse, wie er einer war, und
Jürgen, so hieß der Junge, fuhr schon einen VW-Käfer. So in
etwa hatte ich mir jemanden vorgestellt, mit dem man eine
Familie gründen könnte.

Mein Wunsch war es, einmal Kindergärtnerin zu werden und wenn ich keine Kinder bekommen könnte, wäre ich SOSKinderdorfmutter geworden: Denn Kinder waren mir wichtig!

Meine Gefühle für Jürgen wurden immer stärker. Und eine Familie zu gründen, Kinder zu bekommen; dieser Wunsch wurde ebenfalls immer größer. Aber wisst ihr: Ich war vor allen Dingen sexuell überhaupt nicht aufgeklärt!

In der Schule die Biostunde, das konnte man vergessen. Von der Pille wusste ich noch nichts. Wenn ich mich einmal mit jemandem eingelassen hätte und hätte keine Unschuld mehr, würde mich kein anderer mehr nehmen, hatte ich gehört. Vielleicht war das sogar meine Oma, die mir so etwas erzählt hatte.

Aber ansonsten traute sich bei uns keiner über Sexualität zu reden. So kam es, dass es trotzdem klappte, und ich fühlte mich von da an vergeben. Bis ich eines Tages einen dicken Brief bekam. Darin stand alles, wonach ich mich vorher schon gesehnt hatte. Eine neue Verabredung, seine Entscheidung für die Medizin und sogar von Heirat schrieb er.

Mit zitternden Händen habe ich den Brief geöffnet, gelesen und kurz darauf mein Jürgen, und er zitterte auch. Ich war untreu geworden, dachte ich, und vielleicht hatte er mich damals wirklich nicht gesehen. Jetzt hatte ich eine Entscheidung gefällt. Ich antwortete ebenfalls mit einem Brief. Ich weiß heute nicht einmal, ob meine Mutter, die damit beauftragt war, diesen Brief überhaupt jemals abgeschickt hat.

Ich hatte mich für „entweder - oder" entschieden.

Im Büro, also in der Arbeit, verdiente ich gut damals. Etwas mehr als mein Mann, und das fand er irgendwie schlimm. Wir sparten für eine gute Wohnungseinrichtung. Es gab die ersten eleganten Einbauküchen mit Spülmaschine und Automatikofen und fürs Wohnzimmer Palisanderschränke von Musterring. So etwas hatten wir uns vorgestellt.

Unsere Verlobung wurde geplant.

Als mein Bruder vor uns heiratete, waren wir Brautführer. Das Haus meiner Schwiegereltern bauten wir um und planten unsere eigene Hochzeit, so ziemlich genau vor 50 Jahren. Die Familie meines Mannes war streng katholisch, wir evangelisch.

Und so gingen wir als erstes, weil mein Mann von seiner Familie unter Druck gesetzt wurde, zum katholischen Pastor. Er fragte mich, ob ich katholisch würde und meine Kinder auch. Als ich das verneinte sagte er zu meinem Jürgen, dann könne man ihn später nicht katholisch beerdigen.

Da sind wir beide aufgestanden und haben gesagt, dass wir evangelisch heiraten würden.

Erst standesamtlich, am 3.8.1967 und später, im März 68 kirchlich, da war ich schon schwanger mit Tochter Corinna.

Erst da durften wir in die fertige Wohnung bei den Schwiegereltern einziehen. Vorher passte meine Schwiegermutter immer auf und ließ uns dort nicht allein.

Eine einzige Vorwarnung, nicht in das Haus meiner Schwiegereltern zu ziehen, bekam ich von meiner Mutter. Sie hatte viel mitgemacht, weil sie einige Jahrzehnte mit ihrer eigenen Schwiegermutter zusammengewohnt hatte, der Oma, die in der Baracke wohnte. Sie sagte es nur einmal, weil es für sie sehr schwer gewesen war, ansonsten mischte sie sich aber nicht ein.

Ich war mir aber sicher, dass ich es schaffen würde. Alles nach dem Motto: „Vergeben, Vergessen, Verzeihen".

Mit dem Kind hatte es aber in der Nähe des Bodensees geklappt, als wir meinen Bruder besuchten und endlich miteinander schlafen konnten. Und so freuten wir uns sehr auf unser erstes Kind und bereiteten alles liebevoll vor. Wir waren glücklich, suchten einen Namen aus und entschieden, dass ich nach der Geburt erst mal nicht arbeiten würde.

Es geschah aber kurz vor der Geburt die Katastrophe, dass meine Oma starb. Ich hab sie vorher noch im Krankenhaus besucht, da hat sie mir noch in Bezug auf meine Mutter gesagt, ich müsse ihr immer zur Seite stehen. Sie sei zwar stark und gut. Aber sie hätte nicht viel und könnte nicht gut mit Geld umgehen.

Als ich meine Oma dann bei meiner Mutter zu Hause zum letzten Mal besuchte, hatte sie viele Schmerzen und kein Medikament reichte aus, um ihr etwas Erleichterung zu verschaffen. Sie sagte mir noch, dass ich ein blondes Mädchen bekommen würde.

Danach kam ich mit Vorwehen ins Krankenhaus und habe dort die Todesnachricht bekommen. Der erste mir nahestehende Mensch starb. Ich habe vorher nie über Tod nachgedacht, alles war immer so unbeschwert. Und nun habe ich mich plötzlich verhalten wie eine Verrückte: Ich konnte nicht still weinen, sondern nur herausschreien, denn sie war mein liebster Mensch. Die Ärzte gaben mir Valium.

Zur Beerdigung bin ich trotzdem gegangen und habe anständig Abschied genommen. Der Gynäkologe, der hatte mich aufgebaut und gesagt, ich solle mich auf das neue Leben freuen. Und das tat ich dann in vollen Zügen.

Die erste Geburt wurde zu dem glücklichsten Tag meines bisherigen Lebens und ich glaube, auch der meines Mannes. Ich bilde mir ein, dass man selten so glückliche Eltern mit ihrem Kind nach Hause gehen sah. Unser neues Leben begann.

Familie war von da an das Wichtigste für uns. Ein Jahr lang machte ich Babypause und wollte dann halbtags wieder arbeiten, und die Schwiegereltern sollten auf die Kleine aufpassen. Aber Halbtagskräfte wurden grundsätzlich nicht eingestellt. So blieb ich erstmal zu Hause und jobbte nur ein paar Mal zwischendurch, um etwas mehr Geld zu haben, wenn wir zum Beispiel statt eines Ölofens eine Ölheizung einbauten oder andere größere Renovierungen machten.

Glücklich ging ich mit meinem Kind spazieren, jedoch nicht auf den Einkaufsstraßen, sondern zum Beispiel im nahe gelegenen Löwenpark, der in einem schönen Wald lag. Abends kochte ich lecker, wenn mein Mann von der Arbeit kam, immer sogenannte Hausmannskost, das war Bedingung. Neues durfte ich gar nicht erst ausprobieren.

So waren wir sehr glücklich und haben stolz unser heranwachsendes Kind bewundert. Nur krank werden durfte das Kind nicht. Das hätte Jürgen nicht verkraftet. Jürgen hatte wohl immer Angst, die Kleine könnte dann sterben.

Nach drei Jahren wurde ich wieder schwanger. Während der zweiten Schwangerschaft habe ich meinen Führerschein gemacht. Nach fast 30 Fahrstunden habe ich kaum noch geglaubt, dass ich es schaffen würde. Die theoretische Prüfung war schnell o. k. - aber das Fahren, da war ich manchmal ein bisschen ängstlich.

Doch ohne Probleme habe ich das auch geschafft und statt zu lachen, habe ich wie ein Schlosshund geweint. Auch noch während der Schwangerschaft haben wir die obere Etage des Wohnhauses ausgebaut für Schlafräume. Genau mit drei Jahren ging Corinna in den Kindergarten. Diese Zeit nutzte ich, für den Familiennachwuchs alles vorzubereiten.

Corinna hat uns keine Probleme gemacht nur, dass sie immer nicht richtig essen wollte, das ist heute noch so bei ihr, und sie hat trotzdem immer viel geschafft in ihrem Leben. Sie war immer sehr lieb und vernünftig. Nur einmal hat sie sich so gut versteckt, dass ich sie nicht mehr finden konnte oder erst nach langer Zeit gefunden habe. Ich wäre fast gestorben vor Angst.

Eines Tages hat sie mir Waschpulver in einen Eimer frisch gepflückter Johannisbeeren geschüttet, die mein Schwiegervater vorher mühselig gepflückt hatte. Der rastete voll aus und gab natürlich mir die Schuld. Das Kind wollte die Beeren nur waschen, wie es dann erklärte.

Ansonsten war sie immer lieb und vernünftig und stellte mir nach dem Kindergarten oft viele Fragen. Zum Beispiel: „Was ist die Pille, Mama? Die Jungen im Kindergarten erzählen immer davon." Da wunderte ich mich, denn ich hatte selbst gerade erst davon gehört. Natürlich erklärte ich es ihr sofort und ohne Umschweife.

Als sie einmal im Kindergarten gefragt wurde, was sie werden möchte, antwortete sie: Taxifahrerin. Wir hatten keinen Zweitwagen. Jürgen brauchte unser Auto täglich mindestens 10 Stunden für die Arbeit. Vielleicht sind wir in einem besonderen Fall mal mit dem Taxi gefahren, und sie fand es schön. Daher vielleicht ihre Antwort, die mich doch erstaunte.

Auf die kleine Schwester freute sie sich.

Die Geburt verlief komplizierter als die erste, denn es war eine Risikogeburt und auch war der Termin nicht richtig berechnet worden. Somit kam Cordula noch mit Verspätung. Aber die letzten Wochen vor der Geburt, etwa fünf, musste ich im Krankenhaus verbringen. Das war gut so. Man sagte mir nach dem Kaiserschnitt, dass, wenn wir nicht im Krankenhaus gewesen wären, wir beide es wohl nicht überlebt hätten.

Cordula war ein prächtiges Kind, etwas größer und kräftiger, mit großen Augen und rötlichen Haaren. Vorher war die Geburt ohne Erfolg dreimal eingeleitet worden. Aber alle Schmerzen und Sorgen vergisst man schnell, wenn man dafür wieder ein gesundes Kind in seinen Händen halten darf.

Wieder zogen wir glücklich nach Hause, dieses Mal zu viert.

Kapitel 2

Ich wollte die beste Mutter der Welt werden. Am liebsten hätte ich mir noch einen Sohn gewünscht. Für meine Mädchen habe ich alles nach bestem Herz und Bauchgefühl gemacht. Bei meiner Mutter hatte ich mir viel abgeguckt. Ich ging zur Mütterberatung, und es gab dann schon die ersten Vorsorgeuntersuchungen.

Als junge Mutter musste man mindestens sieben Berufe auf einmal können, und es gibt in den ersten zwei Lebensjahren eines jeden Kindes oft schlaflose Nächte für die Mutter, denn der Mann ist kaum im Hause. Der muss ja arbeiten.

Als beide Töchter Keuchhusten hatten, schlief ich mindestens zwei Wochen in der unteren Etage im Wohnzimmer mit den Kindern, damit Jürgen ausgeschlafen zur Arbeit gehen konnte. Es war also für mich wirklich ein Fulltimejob. Trotz aller guten Vorsätze habe ich im Endeffekt doch nicht alles richtiggemacht. Mal sagte man, vier Mahlzeiten würden einem Kind reichen. Das erste Kind war damit zufrieden, das zweite hat halb verhungert geschrien.

Cordula war schon bei der Geburt größer als Corinna und auch viel hungriger. Sie sah praktisch sofort so aus, als wäre sie schon ein paar Wochen alt. Bei einem Einkauf in einem Laden schaute die Geschäftsfrau in den Kinderwagen und bestaunte das Kind. Sofort fühlte sich Corinna vernachlässigt und machte auf sich aufmerksam indem sie sagte, sie sei aber nicht mit Kaiserschnitt geboren.

Corinna war neun Monate alt, und wir beide, Jürgen und ich, haben den wohl ersten riesengroßen Fehler gemacht. Wir sind nämlich mit meinem Bruder und seiner Frau zum Gardasee gefahren. Die Mütter von uns Frauen sollten und wollten, eine in Marl, die andere in Süddeutschland, auf die kleinen, gleichaltrigen Kinder aufpassen.

Mein Bruder und Frau und der kleine Sohn, die überstanden die Trennung gut, aber nicht ich. Es wurde ein Katastrophenurlaub. Ich glaubte, ich würde nach einigen schönen Urlaubstagen sterben. Mein Herz machte Sprünge und diesen Stress nicht mit. Es war so schlimm, dass ich fürchterliche Angst hatte, in Italien zu sterben.

Wenn ich jemals wieder nach Deutschland kommen würde, schließen wir sofort für jeden von uns eine Lebensversicherung ab. Das nahm ich mir vor. Und ich hatte mich so gut auf den Urlaub vorbereitet; die Kleine wusste ich in besten Händen.

Ich hatte mir schicke Kleidung genäht und vorher hatten wir mal wieder Renovierungsarbeiten am Haus gemacht. Jetzt einmal auszuspannen, das wäre das Richtige gewesen.

Und so lagen wir schon einige Tage am hoteleigenen Strand, abends schlenderten wir durch die romantischen Gassen, jedoch schon als wir am nächsten Tag in der Arena von Verona die Treppen hochgingen und Fotos machen wollten, war mir schwindelig.

Vorher hatten wir noch eine rasante Bootsfahrt über den Gardasee gemacht, die ich gut überstanden hatte. Vier bis fünf Sonnentage hatten wir ebenso genossen.

Zum ersten Mal im Leben spürte ich, dass mein Herz nicht ganz in Ordnung ist. Meine Mutter hatte mir einmal erzählt, dass ich vor Schulbeginn eine schwere Diphtherie hatte und ins Krankenhaus musste. Damals hat man ihr erzählt, dass ich einen Schaden am Herzen zurückbehalten würde. Ich glaube, dass ich mir in diesem Barackenkrankenhaus mit den schlechten Zuständen dort nach dem Krieg die anderen schweren Krankheiten zugezogen habe, die mir den langen Krankenhausaufenthalt beschert hatten.

Ich soll nämlich, als ich wieder einigermaßen gesund war, aber noch im Krankenhaus, am Bett eines blutspuckenden Patienten gestanden haben und ihm etwas vorgesungen haben.
In Italien lag ich nun im Hotelbett, wurde vom Arzt behandelt und umsorgt und, nach Hause zurückgekehrt, kam ich noch drei Wochen ins Krankenhaus.

Auf der Rückfahrt von Italien machten wir hinter der Grenze in Deutschland Rast. Im Restaurant aßen wir deutsches Schnitzel mit Pommes. Jürgen hatte vorher schon Probleme mit dem Olivenöl. Neben dem Restaurant war eine Boutique, die schicke rote Kleidung ausgestellt hatte. Mein Jürgen war so glücklich, dass wir wieder in Deutschland waren und wollte mir das ganze Schaufenster leer kaufen. Ich wollte das aber nicht, sondern ich wollte nur zu meinem Kind und würde sie nie wieder alleine lassen. Höchstens, wenn ich mal ins Krankenhaus müsste.

Das von dem Urlaub musste ich einfügen. Aber wir hatten inzwischen schon unser zweites Mädchen, und es gab fast nur schöne Zeiten mit den Kindern. Dafür habe ich in der Woche, wenn Jürgen 10-11 Stunden täglich unterwegs war, gesorgt. Sie sollten eine schöne Kindheit haben. Sie durften andere Kinder mit nach Hause bringen. Wir spielten Kasperl- und Puppentheater, es wurde gemalt und gebastelt, wir spielten Verkleiden, veranstalteten die schönsten Geburtstags- und Karnevalspartys und waren viel unterwegs in Wald und Wiesen bei Pferden und Hunden.

Alle 14 Tage gab es musikalische Früherziehung. Bei uns war keiner musikalisch, aber ich singe sehr gerne und fand so etwas für die Kinder wichtig. Meine große Schwester Uschi kam ab und zu mit ihren drei Kindern zu Besuch. Dann strickten oder häkelten wir Kleidung für die Kinder, und diese spielten miteinander draußen oder drinnen. Schwimmen, Rodeln, Ballspielen, nichts haben wir ausgelassen, auch nicht das Backen und Kochen zwischendurch.

Aus dem Garten der Schwiegereltern gab es oft frisches Gemüse. Ich verarbeitete alles dankbar.

Ab und zu fuhr ich mit den Kindern zu meinen Eltern nach Marl mit dem Bus. Das war immer ein schöner Ausflug.
Als Corinna noch kleiner war, sind wir mit dem Fahrrad, sie im Kindersitz, im Sommer gerne nach Marl gefahren.

Unsere Wohnung war sehr groß und sehr gut ausgestattet, oben und unten, und lag in einer in sich abgeschlossenen Etage. Die Fußböden, Fenster und Türen waren alle neu, genau wie die Ölheizung. Für die Möbel und den Umbau hatten wir unsere Ersparnisse restlos investiert, es fehlte uns materiell an nichts.

Da wir beide Büromenschen sind, konnten wir handwerkliche Arbeiten nicht so gut wie unsere Väter durchführen, die nach dem Krieg alle Dachdecker, Maurer, sprich: Handwerker, sein mussten.

Mein Schwiegervater ließ sich an den Wochenenden von Jürgen bei seinem Taubensport helfen. Handwerkliche Dinge traute er ihm aber nicht zu. Er wollte einmal unsere Küche neu tapezieren, aber da haben wir ihn überlistet. Er fuhr mit der Schwiegermutter in den Urlaub, und wir haben uns schicke Tapeten gekauft und selbst tapeziert. Anstreichen und tapezieren konnten wir da schon mal. Mein Schwiegervater hat dann ganz schön gestaunt.

Fünfeinhalb Jahre dauerte die Anfangszeit unserer Ehe. Haushalt, Kinder, Haare schneiden für alle vier, Kleidung nähen, einkaufen, kochen, mit den Kindern spielen und so weiter und so fort. Ich war sehr fleißig.
Nach der Kaiserschnittgeburt von Cordula musste ich allerdings ein Jahr später noch einmal operiert werden. Ein Stückchen vom Darm wurde mir entfernt. Nach der sechsstündigen Operation bekam ich eine Nierenkolik, setzte aber alle Kraft der Welt ein, schnell wieder zu Hause zu sein.

Meine ältere Schwester hatte die Kinder in der Zeit und passte auf sie auf. Das Leben ging weiter. Wir gingen alle 14 Tage kegeln, hatten häufig Besuch und lebten die Familie. Bald würde auch die Kleine in den Kindergarten kommen und die Große in die Schule. Vielleicht würde ich dann wieder ein paar Stunden arbeiten gehen, so dachte ich. So kam es auch, aber nicht dort an dem Ort, an dem ich vorher war.

Immer häufiger hörte ich von den Schwiegereltern, dass ich alles falsch machen würde. Warum fremde Kinder im Haus. Wenn meine Schwester mit ihren Kindern bei uns war, war es zu laut. Warum Musikunterricht, wo doch in unserer Familie keiner musikalisch ist, und ich aber doch der Meinung bin, dass mein Mann hätte auch Sänger werden können.

Warum Karten für das Udo Jürgens Konzert? Warum ist die schon wieder nach Marl gefahren? Ich aber hatte doch meine Arbeit mit. Das Essen war fertig, die Wohnung war sauber, warum also nicht?

Jürgen ging nach der Arbeit erst zu seinen Eltern, kam dann nach oben zu uns. Unten waren nicht nur die Eltern, sondern noch seine Schwester ohne Kind und die alte Oma, die sehr gut zu mir war, nur in ihrem Glauben sehr fanatisch.

Niemandem erzählte ich von der Kritik, auch nicht meinem Arzt, den ich manchmal mit meinen Kindern aufsuchte, weil mein Herz wieder Purzelbäume schlug.

„Der arme Junge hatte nicht nur eine evangelische, sondern auch noch eine kranke Frau geheiratet"!

Eines Tages besuchte mich mein alter Hausarzt, obwohl ich ihn gar nicht bestellt hatte. Er hatte mir wunderschöne Äste mit Ahornblättern aus dem Wald mitgebracht. Darüber hatte mich sehr gefreut, mir aber nichts weiter dabei gedacht.

Es dauerte nicht lange, da wurde mit mir Schicksal gespielt. Jürgen kam später von der Arbeit nach Hause, diesmal keine Überstunden, sondern eine Feier. So etwas veranstaltete sein Chef sehr gerne, und die Beiden verstanden sich gut. Ich weiß nicht, ob ich ein bisschen protestiert hatte, weil ich nicht Bescheid wusste, aber meine Schwiegereltern mischten sich ein, dass ich mich nicht so anstellen solle und solche Sachen.

Am nächsten Morgen saß ich wieder im Wartezimmer beim Arzt. Meine beiden Kinder stellten viele Fragen, die ich lieb beantwortete und sie kuschelten sich an mich, als wenn sie gespürt hätten, dass es mir nicht gut ging. Plötzlich wachte ich auf der Liege im Arztzimmer auf. Vermutlich hatte ich gerade eine Spritze bekommen. Ich trank ein Glas Wasser, setzte mich dann auf den Stuhl dem Arzt gegenüber und er sagte lebensumwandelnde Worte zu mir:

„So meine Liebe, wenn sie gleich nach Hause kommen, packen sie eine Tasche mit den notwendigen Sachen für sich und ihre Kinder, rufen Sie ein Taxi an und verschwinden sie, und gehen sie nie wieder dorthin."

„Wo soll ich denn hin?" fragte ich. „Haben Sie keine Eltern?",
fragte der Arzt zurück.

Ich antwortete: „Ja, die denken aber, ich sei glücklich
verheiratet."

„Sind sie doch auch. Und, haben die Eltern Platz?" fragte er. Ich
sagte: „Ja".

„Manchmal im Leben muss man Dinge einfach tun und nicht
hinterfragen, ist es richtig oder falsch? Sie schaffen es dort, wo
sie jetzt sind, nicht", sagte er.

Ich war wie benebelt und weinte den ganzen Weg nach Hause.
Aber ich hatte noch die Kraft, um ein Taxi anzurufen, und ich
habe das getan, was der Doktor mir riet.

Meine Eltern waren mehr als überrascht, als wir dort ankamen.
Ich musste gar nicht viel erzählen. Ich weiß, ich habe die ganze
Familie meines Mannes schockiert und ihn selbst vermutlich
noch mehr.
Im Nachhinein weiß ich, dass es wichtig und richtig war, und
manchmal danke ich noch diesem alten Mann, der leider schon
verstorben ist.

Zwei Wochen später hat er mich noch einmal besucht und
geguckt, ob es mir gut geht. Ich habe ihn auch noch einmal
besucht und mich herzlich bedankt. Es ging mir jetzt „in der
Freiheit" gesundheitlich viel besser. Aber es waren noch Berge
zu überwinden.

Zuerst wurde Jürgen, glaube ich, noch festgehalten. Doch ein bisschen Trennung und Emotionen abzubauen, war besser. Aber die endlosen Tage zwischendurch. Nicht nur mein Herz, auch meine Gedanken schlugen Purzelbäume. Wie soll alles weitergehen?

„Du darfst keine Dummheiten machen", sagte meine Mutter, „das Leben bekommt man nur einmal geschenkt!"

Ich glaube, so etwas hätte ich meinen Kindern nie angetan.

Da kann noch so viel Böses erzählt worden sein, wenn man dann aber sieht, wie ein Mann beim Anblick seiner Kinder reagiert, kann man nicht widerstehen und versucht langsam, in vorsichtigen Gesprächen, neue Wege zu finden.

Alles Materielle und Bebaute bis auf ein paar Möbel waren für die Katz! Ohne Geld neu anfangen war jetzt die Devise. Nicht einmal für den Umzug hatten wir Geld, den hat dann mein Vater bezahlt. Mietwohnung 70 m², dritte Etage, Stadtmitte, Neubau, mehr oder anderes war nicht auf den Markt.

Das war nur ein halbes Jahr auszuhalten, dort wohnte nämlich alles gemischt. Unsere indischen Nachbarn waren der gleichen Meinung wie wir und zogen nach einem halben Jahr zur gleichen Zeit mit uns wieder um. Wir boten unsere Hilfe an, in der neuen Wohnung ein bisschen zu renovieren und als eines Abends alles fertig war, saßen wir in einer Runde zusammen. Meine ältere Schwester mit Ehemann, Jürgen und ich und das indische Ehepaar.

In dem halben Jahr Nachbarschaft war die indische Frau eine richtige Freundin für mich geworden. Ihre zwei kleinen Kinder waren sehr lieb und manchmal versuchte ich, ihnen allen ein bisschen zur Seite zu stehen, besonders morgens, wenn die Kleinen zur Schule mussten und sie die Fahrstuhltür nicht öffnen konnten. Oder wenn es um die Hausaufgaben ging.

An dem Abend sagte unser indischer Freund, dass seine Frau auch wahrsagen könne. Geburtsdatum und Stunde, Lesen aus der Hand, sogar ein Pendel wurde angewandt und ein Buch, so dick wie die Bibel, zur Hilfe genommen. Das alles ist dort eine richtige Wissenschaft und unsere Freundin hatte in ihrer Heimat an der Universität als Dozentin gelehrt.

Einer nach dem anderen kam an die Reihe. Meistens kam nur Positives und wir haben viel gelacht. Einem wurde noch ein Kind prophezeit und das ist auch tatsächlich noch geboren worden. Aber bei zwei Personen wurde ihr Gesicht ganz traurig, das war bei meiner Schwester. Und die ist ja auch gestorben. Aber Gott sei Dank nicht sofort und es war schon mehr als schlimm - eher grausam - als es passierte, und es war gut, dass unsere Wahrsagerin das nicht ausgesprochen hatte. Ich hätte es nicht verkraftet.

Aber dann sagte ich zu ihr, dass es ja unfair wäre, wenn wir alle etwas von uns wüssten, nur nichts von ihr selber. Sie schaute wirklich nach und ich werde dieses Gesicht nicht vergessen. Es verfinsterte sich sehr, sie sprach es nicht aus und lenkte ab. Meine lieb gewonnene Freundin starb nach kurzer Zeit an einem Gehirnschlag. Ich hatte 3 Wochen Herzschmerzen und kam kaum auf die Beine. Die Familie liebe ich immer noch; die neue Frau hat dieses angekündigte Kind geboren. Der Sohn von meiner Freundin ist vor kurzem gestorben - auch an einem Gehirnschlag, aber die zwei Mädchen sind sehr erfolgreich und haben studiert, sind bildschön und immer noch so lieb wie früher.

Es war für uns schwierig gewesen, eine neue Wohnung zu finden. Dort in dem Mietshaus spielte jemand in der Nacht Trompete über uns, im Kellereingang brannte ab und zu ein Feuer, so etwas kann man seinen Kindern doch nicht zumuten.

Ich ging mit den Kindern zu einer größeren Wohnungsbaugesellschaft, die in unserem weiteren Leben allerdings nur eine Nebenrolle spielen sollte.

Auf dem Weg dorthin rief ich von der Telefonzelle aus meine Mutter an. Diese offenbarte mir, dass in der Zeitung stehen würde, dass genau diese Gesellschaft Eigentumswohnungen in den berühmten Hügelhäusern anbieten würde, und zwar mit null Mark Eigenkapital.

Ich ging auf mein Ziel zu. Bei der Wohnungsvermietung angekommen, bat ich um eine Wohnung. Es könnte sogar die Brüderstraße sein. Aber dort, wo ich jetzt wohne, könne ich nicht bleiben. Der Herr guckte über seine Brille, schaute mich und meine schick angezogenen Kinder an und sagte, dort brauchen sie nicht hin. Aber es könnte sein, dass sie gar nicht infrage kommen, denn wir haben nur Sozialwohnungen.

Verzweifelt fragte ich nach dem Angebot aus der Zeitung.
Er meinte: „Da müssen Sie nach oben in die „Teppichbodenabteilung", vielleicht haben sie da mehr Glück."

Zunächst hatte ich Glück. Man bot mir die schönsten Terrassen- und Erdgeschosswohnungen an, mit Garten und sogar mit Schwimmbad. Wenn ich eine Finanzierung schaffen würde, könnte ich jede bekommen. Man fragte mich nach dem Nettoverdienst meines Mannes. Dieser lag zu der Zeit bei 1287 DM. Das wäre ja nicht zu viel bei vier Personen, aber man könnte mir in dem Fall eine Mitfinanzierung für dieses Projekt von der Wohnungsbauförderungsanstalt anbieten.

Das würde beinhalten, dass ich in den ersten drei Jahren 900, den zweiten drei Jahren 600 und in den dritten drei Jahren 300 DM monatlich als Kredit mit 6,7 % Zinsen bekommen würde und diesen dann nach neun Jahren, wenn mein Mann mehr verdienen würde, zurückzahlen könne.

So ganz hatte ich es nicht kapiert, denn es war ja meine erste Finanzierung. Nachdem dann aber die Wohnungsbesichtigung erfolgte - glaubt mir: Es war Liebe auf den ersten Blick. Eine 109 m² große Erdgeschosswohnung mit Garten und Schwimmbad im Haus. Herz, was willst du mehr! Wir waren hin und weg. Aber die Sparkasse!?

Mutig, freundlich und hoffnungsvoll ging ich zu der Sparkasse, bei der wir unser Konto hatten. Dem Sparkassenleiter erzählte ich von meinem Wunsch. Er fragte mich nach der Finanzierung, und ich erzählte von der Wohnungsbauförderungsanstalt. Dann kam der Niederschlag.

Als er mich nach dem Verdienst meines Mannes fragte und ich antwortete, brach er in lautes Gelächter aus, so dass jeder Kunde und Angestellte seinen Blick auf uns richtete. Laut sagte er in den Raum hinein: „Da habe ich schon ganz andere weggeschickt."

Kleinlaut erwiderte ich, dass, wenn wir gesund bleiben würden, es doch schaffen würden und wenn nicht, hätten wir wenigstens einige Jahre schön gewohnt.

Ich ging zur Volksbank, die mich nicht kannte. Sehr höflich, mit einem leichten Lächeln erklärte man mir die Hoffnungslosigkeit meines Anliegens - und die hatte ich dann auch. Keinerlei Hoffnung. Die mitgegebenen Papiere hatte ich noch. Ich kannte auch keinen Menschen, der mir hätte helfen können. Ich musste an die frische Luft, damit ich alles Erlebte zunächst einmal vergessen und mich neu sortieren konnte. Ich musste aber unbedingt weiter nach einer Wohnung suchen.

Genau an diesem Nachmittag war unsere Musikgemeinschaft für die Kinder. Die Kinder sangen und übten Melodika oder Akkordeon. Meistens Mütter, auch ein paar Väter, warteten im Nebenraum und unterhielten sich. Meine ältere Schwester mit ihren drei Kindern war auch im Club, unsere gemeinsame Freundin mit vier Kindern und andere, die ich dort kennengelernt hatte, ebenso.

Ich war noch voller Aufregung vom Vormittag und erzählte, ich weiß gar nicht mehr wie laut, von meiner Blamage. Es kann sein, dass auch andere mitgehört hatten. Das hatte ich nicht unbedingt beabsichtigt. Irgendwann, die Kinder waren fertig und ich zog ihnen die Jacken an, als mich ein Herr ansprach.

Er hatte meine Kritik über die Sparkasse mit angehört und sagte: „Ich arbeite in der Hauptstelle, bin Prokurist, kann nur über 50.000 DM entscheiden, aber ich kann für sie ein gutes Wort einlegen bei meinem Chef, und ich glaube, das klappt. Kommen sie nächste Woche Mittwoch um 14:00 Uhr in mein Büro."

Wieder spielte ein Mensch für mich ein hoffentlich schönes Schicksal. Am besagten Mittwoch haben Jürgen und ich viele Unterschriften geleistet und sind sofort zum Wohnungsbauunternehmen gefahren. Wir hatten unsere Traumwohnung, für null D-Mark Eigenkapital, herzlichen Glückwunsch.

Das hier Erlebte spornte auch meinen Jürgen an, während ich vorher schon Angst hatte, er würde seinen Kummer wegen der enttäuschten Eltern ertränken, denn sie hatten ihm den Vorwurf gemacht: „Jetzt hat sie dich auch noch in die Schulden gestürzt!" Binnen kurzer Zeit, er war Anfang 30, wurde er befördert und war Prokurist. Ich habe ihn zwar ein bisschen angespornt, aber er war sehr strebsam und erfolgreich. Corinna kam in die Schule, Cordula in den Kindergarten, und ich suchte mir einen kleinen Bürojob. Morgens fuhren wir drei Frauen zusammen los. Cordula auf meinem Fahrrad im Kindersitz und Corinna fuhr selbst mit ihrem Fahrrad.

Als beide an Ort und Stelle waren, fuhr ich dann weiter ins Büro. Gearbeitet habe ich zunächst von 8 Uhr-11 Uhr, das drei Jahre lang. Das war zunächst einmal günstig, denn so konnte ich noch einkaufen, bevor ich wieder zum Kindergarten fuhr, um die Kleine abzuholen.

Dann fuhr ich mit dem Kind und den Einkäufen bepackt mit dem Fahrrad nach Hause und war wieder glücklich und alle meine Krankheiten waren auf einmal verschwunden.

In dem Garten, schön eingezäunt, konnte kein Kind weglaufen und so war ich frei auch von derartigen Sorgen. Dann sind wir auf den Hund gekommen im wahrsten Sinne des Wortes.

Jürgen war zu einer Wehrübung und meine beiden Mädchen, denen sowieso jeder Hund zum Streicheln hinterherlief, kamen eines Tages mit einem fremden Hund nach Hause, der gar nicht mehr wegwollte. Da habe ich gesagt, ich würde keinen Hund nehmen, den ich nicht kenne. Wenn doch, dann müsste das ein ganz junger sein, den man von Anfang bis Ende hat.

Gesagt, getan. Am Abend wurden die Spardosen auf den Tisch geschüttet, aber was würde der Papa sagen? Es gab ja noch kein Handy, und so konnten wir ihn ja nicht fragen, dass wir versuchsweise einen Hund kaufen wollten. Doch genau das taten wir.

Ein süßer, brauner Langhaardackel ließ die Freude überstürmen. Am Abend kam dann der Vater.

Er hat sich erst einmal fürchterlich aufgeregt, dass wir ohne zu fragen einfach so einen Hund gekauft hätten. Das wäre nicht so gut oder nicht in Ordnung.

Wir konnten ihn ja noch zurückbringen, laut der Vereinbarung. Die Kinder bettelten, der Hund kuschelte sich an ihn und noch einmal kam ein zaghaftes „Nein".
Die Kinder konnten nicht schlafen, der Papa musste morgens wieder zur Wehrübung, der Hund sollte weg. Als Jürgen aus der Tür ging, sagte er: „Wir können ihn behalten."

Einige Tage war er noch weg zur Wehrübung und wir haben es geschafft, dass der Hund bis dahin sauber war. Es ging in jeder Hinsicht aufwärts mit uns. Wir konnten selbstbestimmt leben. Den Hund hatten wir uns eigentlich schon in Westerholt gewünscht.

Und so machten wir Ferien auf Bauernhöfen oder in Ferienwohnungen, in denen man den Hund mitnehmen konnte. Unsere neue Wohnung war sehr schön und praktisch, direkt vor unserer Tür wurde ein sehr großer Spielplatz gebaut. Wir nutzten das Schwimmbad, und ich brachte meinen Kindern das Schwimmen bei. Genauso, wie wir es früher mit unserer Schwester gelernt hatten. Es waren viele Kinder in der Nachbarschaft und viele nette und junge Familien.

Bei uns war immer sozusagen „Haus der offenen Tür". So, wie ich es von zu Hause gewohnt war. Die Schule und der Kindergarten waren in der Nähe. Bei uns war immer was los.

Fast jährlich organisierten wir Nachbarn Hügelhausfeste. Kurz und gut: Wir fühlten uns wohl.

Im Hügelhaus spielten die Männer manchmal auch Skat, wie früher bei uns. Aber immer mehr wurde dann später, als Premiere und noch später Sky eingeführt wurde, Fußball geguckt. Jürgen lud immer Freunde ein, und ich guckte natürlich mit, denn ich bin ein Schalke-Fan.

Einen großen Fahnenmast hatten wir in unserem Garten, der zwar nicht allen Leuten gefiel. Aber hier und heute, in unserem jetzigen Garten, haben wir wieder einen Mast. Nur hier können wir selbst bestimmen und gönnen uns noch den Luxus eines exklusiven Schalke-Fankellers.

Wir sind früher auch mit unseren Mädchen ins Stadion gegangen, das war ein teurer Spaß, aber es war schön. Unsere Enkelkinder sind genauso Schalke-Fans wie wir.

Außer unserem Hund hatten wir noch andere Haustiere und wisst ihr: Alle vertrugen sich! Vögel hatten wir, Hamster, Kaninchen und sogar einmal Enten.

Ich ging eines Tages mit Cordula über den Markt und genau wie mein Bruder konnte sie an den Käfigen, in denen Tiere waren, nie vorbeigehen. Plötzlich hatte sie drei kleine Enten in ihren Händen. Sie sah so glücklich aus und bettelte, sie behalten zu dürfen und gab sie nicht mehr aus ihren Händen.

Und ich konnte es natürlich nicht übers Herz bringen, ihr den Wunsch abzuschlagen. Es gab aber keinen Stall. Also bauten wir schnell einen im Kinderzimmer.

Die süßen Kleinen hatten immer Hunger. So schnell konnte man kaum nachliefern, denn sonst wurden sie laut. Und den Kot mussten wir immer umgehend wegmachen und Gras rupfen. Das war schon eine Beschäftigung für Cordula und für mich, doch wir mussten durchhalten.

Jürgen hat dann für draußen einen Stall gebaut. Die Nachbarn wurden ab sofort mit aufgehender Sonne von dem Geschnatter geweckt. Zum Glück waren die Enten schnell fettgefüttert. Heimlich wurden sie vor unserem Urlaub geschlachtet. Und das war schon irgendwie grausam.
Ich arbeitete jetzt schon vier Stunden und hatte ein bisschen Angst, wie es werden würde, wenn die Kleine zur Schule geht. Ich hatte eigentlich in Erwägung gezogen, zu kündigen, als ich plötzlich wieder großes Glück hatte. Mein Büro wurde mir - auf Deutsch gesagt - direkt vor die Nase gesetzt. Ich konnte es nun von meiner Wohnung aus sehen. So war gewährleistet, dass ich keine Angst um meine Kinder haben müsste, wenn sie mal früher von der Schule nach Hause kämen. Cordula war einfach noch zu klein, um ein Schlüsselkind zu sein.

Die Kinder konnten jetzt zu jeder Zeit zu mir kommen, wenn sie mich brauchten oder ich konnte zu ihnen gehen, wenn es mal dringend nötig war. Ich empfand das als großes Glück.
Glücklich waren wir auch darüber, dass sich meine Schwiegereltern von dem Schock erholt hatten, den ich ihnen

zugefügt hatte. Sie hatten unsere Wohnung vermietet und kamen gerne zu uns zu Besuch und umgekehrt. Sie waren stolz auf ihren Sohn und ihre Enkelkinder.

Manchmal hatte ich so dieses Gefühl, dass ich eine von den Ärmsten wäre, die dort in dem Hügelhaus wohnte.
Wir kamen immer so gerade über die Runden. Es waren nicht nur die Zinsen sehr hoch, sondern die Nebenkosten ebenso. Ich glaubte, ich könnte sehr gut wirtschaften. Aber manchmal hatte ich so kurz vor Monatsschluss einen finanziellen Engpass. Meine ältere Schwester Uschi hat dann mit mir dann einen Plan erarbeitet. So eine Art Gewinn- und Verlustrechnung.

Wir schrieben alle Einnahmen auf und auf der Gegenseite die festen Kosten. Was jetzt übrig bleibt, müsste ich durch 5 teilen und pro Woche dürfte ich nur diesen dann errechneten Betrag ausgeben.

In der Vergangenheit hatte ich mir noch nie über so ein Finanzmodell Gedanken gemacht, aber ich fand es gut. Damals, das ist jetzt ca. 40 Jahre her, kassierte bei uns ein Herr noch bar jeden Monat Versicherungsbeiträge. Diese Leute waren von ihren Gesellschaften angehalten, neue Mitarbeiter zu werben und das tat er dann auch bei mir.

Da ich für Neues immer aufgeschlossen war und nicht abgeneigt noch ein bisschen dazu zu verdienen, kam dieses Angebot gerade recht. Ich wollte ja allen beweisen, dass ich es schaffe. Ein bisschen Schulung war angesagt, und dann bekam ich einen Bezirk. Dreimal im Monat konnte ich die Kinder nachmittags alleine lassen, denn sie waren eigentlich immer lieb und vernünftig.

Ich fuhr also mit dem Fahrrad los, wenn die Kinder gegessen und die Hausaufgaben gemacht hatten und wir uns über alles Wichtige unterhalten hatten.

Die Fahrerei war mehr als Joggen. 16 km hin und zurück. Einmal hatte ich sogar noch einen platten Reifen und musste den ganzen Weg laufen. Im Bezirk ging es treppauf und treppab und hinein in so manches Familienleben. Man sollte ja möglichst nicht nur kassieren. Die Strategie dabei war ja eben, mit den Kunden ins Gespräch zu kommen und neue Verträge abzuschließen. Deshalb die Schulungen. Das habe ich auch gut hinbekommen. Ein paar Jahre habe ich das gemacht. Diese Zeit war eine sehr wertvolle in meinem Leben.

Ich neige bestimmt nicht dazu, schnell unglücklich zu sein oder gar neidisch, aber manchmal hab ich schon gedacht, dass ich zu viel Kraft brauche, um mein Leben zu meistern und dass es manch einem/einer besser geht als mir. Vor allen Dingen, wenn ich mir einige verwöhnte Damen in meiner Umgebung angesehen habe und einige Herren Nachbarn mit dicken Autos.

Diese Zeit war deshalb so wertvoll in meinem Leben, weil ich hinter so manche Familienkulisse geschaut habe. Diese Möglichkeit, die ich da hatte festzustellen, dass hinter jeder Tür ein anderes Schicksal herrscht und dass die Menschen froh waren, wenn sie mal etwas über sich erzählen konnten.

Das Härteste war, dass bei einer Familie gerade der Sohn vom Dach gefallen war. Er war Dachdecker, und ich kam einige Minuten nach der erschütternden Nachricht zu den Leuten.

Bei einer jungen Frau mit drei Kindern war der Ehemann vor ein paar Tagen an einem Virus gestorben. Einige Alleinstehende waren einsam und hilflos. Manchmal trank der Mann oder die Frau. Sehr beeindruckt hat mich eine Frau, die niemanden in ihre Wohnung hineinlassen durfte und die ganz große Angst vor ihrem Mann hatte.

Eine wurde sogar, wenn sie ungehorsam war, unter die heiße Dusche gestellt und sie bekam nie Geld in die Hand. Ich habe ihr sogar einmal ein Kleid abgekauft, welches vorher 300 DM gekostet hatte, für 80 DM und ich habe davon zwei Kinderkleider genäht, als wir zu einer Feier eingeladen waren.

Die Frau wollte mit dem Geld zu ihren Eltern fahren, weil sie diese schon lange nicht gesehen hatte.

Wenn ich dann wieder zu Hause war, in meiner schicken Wohnung, bei den gesunden Kindern und glücklich, einen Mann zu haben, der jeden Tag gerne zur Arbeit ging, dann war ich der glücklichste und auch zufriedenste Mensch der Welt.

Die Kinder kamen in weiterführende Schulen, entwickelten sich jetzt nach ihren eigenen Interessen. Für die Nachmittage im Melodika-Klub war keine Zeit und Lust mehr. Das Akkordeon wurde verkauft. Vorher hatte ich Beide noch beim Rollkunstlauf angemeldet und teure Kunstlaufschuhe gekauft. Aber das waren beides meine Ideen, die dann nicht so ganz nach ihren Wünschen und ihrem Talent waren. Corinna war gut im Schwimmsport und nahm auch an Wettkämpfen teil. Weil sie aber dort oft erkältet war, ging sie lieber zum Basketball.

Cordula war sportlich vielseitig begabt und spielte auch mal Handball. So wie früher ihr Vater, der sogar mal westfälischer Meister war. Beide Kinder entwickelten eine große Liebe zu Tieren, besonders zu Pferden. Das soll nicht heißen, dass sie deshalb weniger Freunde hatten. Bei uns war ja jeder herzlich willkommen. Die Bude war immer voll. Aber wenn man Träume von eigenen Pferden und der Reiterei hat, muss man erst einmal viele Reitstunden absolvieren. Von da ab habe ich also manchen Winter in der kalten Reithalle verbracht und zugeschaut. Für die teuren Übungsstunden habe ich oft mein letztes Geld investiert. Wenn sich andere Frauen gerne teure Schminke, Parfüm und Kleidung kauften, habe ich Reithosen, Stiefel und Helme gekauft. Und die Kinder wuchsen ja noch. Daher kaufte ich oft im Secondhand-Laden ein.

Unsere Mädchen waren nie anspruchsvoll. Sondern, wenn ich etwas erklärte, warum etwas vielleicht einmal nicht geht, waren sie vernünftig. Sie verzichteten auf Taschengeld, wenn ich einen Engpass hatte. Als Corinna zwölf Jahre alt war, ist sie zum ersten Mal alleine in die Reiterferien gefahren. Wir hatten viele Ängste, denn es war die erste Trennung nach unserer Italienreise, und ich habe natürlich geweint.

Cordula hatte als kleines Kind noch ein schreckliches Ereignis zu überstehen. Wir waren zu einer Familienfeier eingeladen und eine Tante gab ihr, einer Dreijährigen, ein 50 Pfennigstück. Sie steckte es in den Mund als wenn sie glaubte, es wäre ein Bonbon und schluckte es schnell hinunter. Nach ein paar Tagen hatte sie dieses noch nicht ausgeschieden und nachts Bauschmerzen.

Wir fuhren in die neu errichtete Kinderklinik in Westerholt. Man nahm uns das Kind vom Arm, ließ noch einen Spruch los, dass wir nicht gut aufgepasst hätten, dann verwies man uns zur Tür. Ohne Abschied oder eine Erklärung für das Kind, und wir haben uns das gefallen lassen.

Tagelang gab man uns keine Chance, das Kind zu sehen. Sie waren dort der Meinung, dass Eltern kranke Kinder nur beunruhigen würden, und sie hätten dann das Theater damit. Heute kann ich noch nicht begreifen, dass ich mir das habe gefallen lassen.

Später erfuhr ich von dem Küchen- und Bedienungspersonal, dass das Kind tagelang geschrien hatte.

Manche Dinge kann man im Nachhinein nicht ungeschehen machen. Das Kind hatte danach einige Jahre Krankenhausangst und anfangs unruhig geschlafen. Ansonsten war sie aber doch sehr robust.

Sie hat mir nicht so ganz verziehen, dass ich sie nicht schon mit fünf Jahren in die Schule geschickt habe. Sie wäre so gerne mit ihrer Freundin Petra, die ein dreiviertel Jahr älter war, in eine Klasse gegangen. Ansonsten war Cordula im Gegensatz zur ruhigen Corinna sensibler aber auch impulsiver, ähnlich wie ihr Vater.

Wenn dieser mal von 0 auf 80 geht, kann er sich nicht stoppen. Ich bin dann ruhig, weil ich das schon lange kenne und genau weiß, dass er das Gesagte schon wenige Minuten später bereut. Etwas abgeschwächter ist es bei Cordula. Wenn ihr mal vor der Schule etwas nicht passte, zum Beispiel ihre Kleidung, hat sie sich ein bisschen aufgeregt. Dann habe ich schon auf einen Satz gewartet. Bevor sie die Haustür hinter sich zu machte, sagte sie immer: „Mama pass gut auf dich auf". Ich wusste, dass es quasi ihre Entschuldigung war.

Auch wenn unsere Mädchen sehr unterschiedlich sind, so haben sie beide sehr viel Familiensinn, sprechen über alles, ob Positives oder Negatives, und haben das gemeinsame Interesse an Pferden. Auf alle Fälle lieben sie beide ihre Eltern und wir tun alles dafür, dass das so bleibt und könnten es anders auch nicht ertragen.

Die Kinder von meiner älteren Schwester kamen oft zu Besuch, während die Tochter meiner jüngeren Schwester zudem häufig bei uns schlief. Meine Schwester war alleinerziehend und arbeitete nachts in der Unfallabteilung des Krankenhauses als Krankenschwester.

Das kleine Kind meiner Schwester konnte nachts nicht alleine bleiben. Sie fand es immer cool bei uns. Ich brauche von ihr nicht viel zu erzählen, eine Personenbeschreibung über mich, die sie als Elfjährige ablieferte, sagt alles über ihren Bezug zu mir.

Dieser Aufsatz wurde im Lehrerzimmer vorgelesen und hat einige Lacher und Schmunzler gehabt. Vor allen Dingen kannte man mich, denn meine beiden Mädchen waren einige Jahre vor ihr in demselben Gymnasium gewesen.

„Tante Illi, was ist sie doch für eine liebe Tante, meine Tante Ilse, die ich der Einfachheit halber Illi nenne. Ich glaube, hätte ihr Chef sie nicht, wäre er schon längst Pleite gegangen, denn sie schmeißt fast die ganze Firma allein.

Wobei der Stress, den sie sich macht, manchmal gar nicht auszuhalten ist. Aber ich glaube, so komisch es auch klingen mag, dass es ihr manchmal richtig Spaß macht, denn so kommt sie mit vielen Menschen zusammen und daher hat sie auch viele Bekannte. Es wird also nicht mit Unrecht von ihr behauptet, dass sie fast halb Marl kennt.

Da sie viel Stress hat, sieht auch ihre Wohnung dementsprechend aus. Sie ist zwar elegant mit Kirschbaummöbeln eingerichtet, aber da herrscht oft das Chaos. So liegt die ganze Badewanne voll mit sauberer Wäsche, weil sie einfach noch keine Zeit hatte, diese draußen aufzuhängen. Oder in der Küche stapelt sich das schmutzige Geschirr in Bergen. Sie hat immer viele Gäste, kleine und große.

Dass sie gerecht und hilfsbereit ist, finde ich, sieht man einfach an ihren ausgeprägten Gesichtszügen, von denen sich die terrakottafarbenen Haare abheben, was keinesfalls hässlich aussieht.

Mit ihren kurzen Haaren, zusammen mit dem jugendlich eleganten Klamottenstil, zum Beispiel Jeans zu lachsfarbenem Shirt und Halstuch, sieht man ihr gar nicht an, dass sie bald auf die 52 zugeht. Ihr Mann, der auch sehr nett ist, ist mit diesem manchmal verrückten Klamottenstil, zum Beispiel Silberhose und Shirt, nicht immer ganz einverstanden, ganz im Gegensatz zu ihren beiden Töchtern, die beide schon außer Haus sind.

Zusammenfassend finde ich meine Tante eigentlich super, weil sie manchmal nämlich für meine Mutter gehalten wird, da wir uns so gut verstehen. Außerdem finde ich auch noch gut, dass sie zwar sehr auf Geld achtet, aber trotzdem irgendwie großzügig ist. Ich finde es nur doof, dass sie sich so viel Stress macht. Aber wie gesagt, ich glaube, sie kann ohne den Stress nicht leben."

Ich habe mir diesen Aufsatz verwahrt, er sagt viel über mich aus. Ich schäme mich auch nicht für das schmutzige Geschirr, denn im Nachhinein betrachtet habe ich letztendlich doch viel geleistet. Das Geschirr habe ich immer abends in die Spülmaschine geräumt, wenn die gesamte Kocherei erledigt war und alle versorgt waren.

Mein Tag war immer voll ausgefüllt und glückliche Kinder und gutes Essen hatten und haben bei mir Vorrang. Die Freundinnen meiner Kinder sagen heute noch, dass es in meinem Chaos immer gemütlich war.

Aber - seht selbst:

terracottafarbenen Haaren zusammen mit dem jugendlich eleganten Klamottenstil z.B. Jeans zu lachsfarbenen Shirt + Halstuch, sieht man ihr gar nicht an das sie bald auf die ... zugeht. Ihr Mann der auch ganz nett ist, ist mit diesen manchmal zu männlich geprickten Klamottenstil z.B. Silberhose & Silbershirt nicht immer ganz einverstanden. Im Gegensatz zu ihren zwei großen Töchtern die beide schon außer Haus sind. Zusammenfassend finde ich meine Tante eigentlich super, weil sie manchmal männlich für meine Mutter gehalten wird, da wir uns so gut verstehen, außerdem finde ich auch noch gut das sie zwar sehr auf Geld achtet aber trotzdem großzügig ist. Ich finde es mir doof, daß sie sich soviel Stress macht, aber wie gesagt, ich glaube, sie kann ohne Stress nicht leben.

Auf einem Tisch stand die Nähmaschine, manchmal auch die Schreibmaschine. Aber es gab immer Waffeln, Apfeltaschen, Pommes und auch manchmal Fischstäbchen und auch viele gesunde Sachen.

Ich hatte nämlich, als die Kinder noch zu Hause waren, einen dritten Nebenjob angenommen. Ich habe mich gewagt, den Altenkreis der Volkshochschule zu übernehmen. Von einer älteren Nachbarin bin ich dort vorgeschlagen worden. Zuvor noch an einem Rhetorikkurs teilgenommen, habe ich mich dann an dem berühmten Adolf Grimme Institut bei der lieben Autorin des „Unruhestandbuches" über den Inhalt informiert, damit ich Gesprächsstoff hatte.

Diese Autorin hat mir sehr geholfen. In einem anderen Institut habe ich noch fachbezogene Wochenendseminare besucht. Immer gut vorbereitet ging ich dann zu diesen Nachmittagen. Wichtig war mir, jeden persönlich zu begrüßen und jedes Mitglied in den Gesprächsstoff einzubeziehen. Natürlich durften auch manchmal Gastreferenten kommen. Aber auch über deren Themen musste ich ja gut informiert sein, um Fragen stellen zu können.

Es waren etwa 90 Mitglieder in dem Kreis und es gehörte nach meiner Ansicht auch persönliche Betreuung dazu, beispielsweise Krankenbesuche und Telefongespräche. In einigen wenigen Fällen hatte ich ein bisschen zu viel Nähe zugelassen. Eins von vielen Ereignissen sollte hier erzählt werden.

Vor einem Nachmittag im Altenkreis wollte ich noch einen Krankenbesuch abstatten. Eine Frau aus meinem Dienstagkreis lag im Krankenhaus. Sie hatte ein Einzelzimmer. Es stand eine brennende Kerze auf ihrem Nachtschränkchen und die Frau weinte. Sie erzählte mir, dass gerade in diesem Moment ihr Mann beerdigt würde, die Kirchenglocke läutete noch.

Nicht so sehr hatte es mich erschrocken, dass der Mann gestorben war, denn er war schon lange krank, sondern die Tatsache, dass man die kranke Frau mit ihrer Traurigkeit alleine ließ. Ich wusste, dass sie eine größere Familie hatte. So etwas wäre in meiner Familie nicht passiert. Wir hätten einen von uns zu der nahen Angehörigen beordert. An demselben Nachmittag musste ich noch in den Altenkreis und ich konnte mich kaum konzentrieren.

Eines Tages, ich machte mit meiner älteren Schwester einen Hundespaziergang, da kam es über mich. Ich führte schon einige Jahre den Kreis, es machte mir Spaß, aber Familie, Büro, Versicherung und Altenkreis, es war einfach zu viel, ich sah nur noch Berge. Ich solle mich mindestens von einer Sache trennen, sagte meine Schwester. Und ich trennte mich vom Altenkreis und der Versicherung und arbeitete 5 Stunden im Büro.

Die Trennung vom Altenkreis fiel mir schwer, aber es war richtig, sonst hätte ich bestimmt ein Burnout-Syndrom bekommen.

Kapitel 3

Jetzt hatte ich ein geregelteres Leben und etwas mehr Ruhe, meine Arbeit zu schaffen und etwas mehr Zeit zum Schlafen; statt 5 Stunden auch mal 6 oder 7. Die Kinder mussten nicht mehr beaufsichtigt werden und wurden selbst schon bald flügge.

Aber erst mussten die Schulabschlüsse geschafft werden. Corinna wollte zunächst Psychologie studieren. Jedoch hatte sie mit 18 schon ihren Hermann, den Bauern, kennengelernt und gesagt: „Wenn ich Hermann heirate, gehe ich zur Sparkasse."

Und ein Bauer - das war genau das Richtige für sie. Die Liebe zu allen Tieren hatte sie in sich. Sie schaffte das Abitur gut und bekam auch die gewünschte Lehrstelle. Zu dieser Zeit bewarben sich noch viele Hundert um eine einzige Lehrstelle, und Corinna stammte ja aus der Zeit, in der es noch einen Geburtenüberschuss gab.

Die Pille war zu der Zeit der Zeugung noch nicht so bekannt. „Mein erstes Geld spar ich für ein Pferd", sagte sie einmal und machte es auch wahr. Führerschein und Auto hatten wir als Eltern schon ermöglicht.

Hermann kam fast vier Jahre lang an jedem Abend, wenn er die Tiere auf seinem Hof versorgt hatte, zu uns.
Für uns Frauen kochte ich mittags, wenn ich von der Arbeit kam, und für unsere beiden Männer kochte ich abends ein Menü. Sie haben alle von meiner Liebe zum Kochen profitiert. Für meine

Kocherei bekam ich von Hermann jedes Jahr ein halbes geschlachtetes Schwein für die Kühltruhe geschenkt. Ab und zu, eher gesagt häufig, feierten die Mädchen Partys mit ihren jeweiligen Freunden, am liebsten bei uns. Da war immer etwas los. Aber so wusste ich wenigstens, wo meine Kinder waren.

Cordula wollte nach der zehnten Klasse trotz Qualifikation kein Abitur machen, wenn sie eine bestimmte Lehrstelle bekommen würde. Und sie bekam diese. Es war genau die Wohnungsbaugesellschaft, bei der wir seinerzeit unsere Eigentumswohnung gekauft hatten. Ihre Ausbildung als Kauffrau der Grundstücks- und Wohnungswirtschaft war genau das Richtige für sie. Da waren fast nur Abiturienten in ihrer Berufsschulklasse, aber sie hat es trotzdem geschafft.

Heute ist sie schon 26 Jahre dabei und das Management zwischen Mietern und Firmen und ihren netten Kollegen, das alles macht ihr immer noch Spaß. Zum dritten Mal in unserem Leben kam diese Wohnungsbaugesellschaft so positiv wie schicksalhaft zum Einsatz.

Als wir in dem Jahr 1992 mehrere große Ereignisse, positive und negative, verkraften mussten, waren wir froh, dass wir dazu noch einen Draht hatten. Wir hatten nämlich in diesem Jahr einen großen Wasserschaden in unserer Wohnung im Hügelhaus.
Schicksalsreich auch deshalb, weil mein Vater in diesem Jahr starb. Nicht nur er, sondern auch meine Mutter brauchten in der Zeit oft meinen Beistand, weil ich die einzige war, von der mein Vater sich etwas sagen ließ.

Dann feierten wir noch unsere silberne Hochzeit, und Hermann und Corinna heirateten standesamtlich. Gut, dass ich jetzt nur noch meinen Bürojob hatte, direkt vor meiner Tür, sonst hätte ich das alles nicht verkraftet.

Mein Vater litt schon einige Jahre an Krebs. Er wollte meiner Mutter nicht einmal die Kontovollmacht geben, er war eben der, der das Geld verdient hatte und wollte sich von keinem in die Karten gucken lassen. Mutter war schon über siebzig und hatte zum ersten Mal eine Kontokarte. Ich ging mit ihr zur Bank und mit ganz zittrigen Händen schob sie die Karte in den Schlitz des Automaten.

Besonders in der letzten Zeit vor seinem Tod war Vater sehr schwierig. Einmal kam mein Neffe zu mir ins Hügelhaus und sagte, ich müsse schnell zur Oma fahren, denn der Opa wäre böse gewesen und sie würde in der Ecke sitzen und fürchterlich weinen. Selten hatte ich sie so schwach gesehen. Die Krankheit meines Vaters, besonders in der Endphase, hat sie selbst kaum überstanden. Es wäre vielleicht besser gewesen, er hätte Morphium bekommen, aber das war da noch nicht so üblich, oder aber sein Arzt hat es ihm einfach nicht gegeben.

Ich glaube, beide hätten es dann leichter gehabt. Es war gut, dass er kurz vor seinem Tod noch einmal ins Krankenhaus kam. Man hatte ja trotz aller Sorgen gehofft, man könnte ihn noch retten, aber für meine Mutter war es besser so.

Ich habe selbst, als er im Krankenhaus lag, sogar nachts auf einem Liegestuhl neben ihm geschlafen. Es waren die letzten

Nächte vor seinem Tod. Einmal bin ich kurz vor Büroschluss ins Krankenhaus gefahren, weil er kurz vor dem Sterben noch nach Essen gefahren werden sollte. Dort sollte eine größere Untersuchung gemacht werden, obwohl er schon im Sterben lag.

Da habe ich den Oberarzt gefragt, ob er seinen Patienten heute schon gesehen und wann er diesen Termin angeordnet hätte. Ich hatte ja wegen der Nachtwache eine bessere Übersicht und wollte diesen großen Transport nicht mehr zulassen. Der Arzt sagte dann die Untersuchung ab und entschuldigte sich bei mir.

Zwei Jahre, bevor mein Vater starb, hatten meine Eltern noch goldene Hochzeit. Da war mein Vater noch geistig und körperlich gut drauf, obwohl er den Krebs schon in sich hatte. Dieses Fest war Gott sei Dank von unserer ganzen Familie noch groß ausgerichtet worden. Mein Vater hatte nämlich vor 50 Jahren bei der standesamtlichen Hochzeit versprochen, die kirchliche Hochzeit nachzuholen. Dieses Versprechen hatte er nicht mehr eingehalten.

Es war nämlich so, dass er neuapostolisch war. Damit hatten wir alle, besonders meine Mutter, Probleme. Sie und wir Kinder sollten immer bekehrt werden. Die Aufgabe der Bekehrung war den gläubigen Verwandten wohl von ihrer Glaubensgemeinschaft angetragen worden. Aber Mutti wollte nicht, denn sie war fest in ihrem evangelischen Glauben verwurzelt, und das war ihre Überzeugung.

Die Oma nahm uns Kinder manchmal, ohne meine Mutter zu informieren, einfach mit in die Kirche und sie wusste nicht einmal, wo wir waren. An einem Geburtstag war wieder Bekehrung nach dem Essen. Es waren einige aus der Familie meines Vaters bei uns, und wie ich schon schrieb: Die Verwandtschaft war groß. Die Bekehrung ging wieder los. Meine Mutter nahm einen Schrubber, fegte auf dem Boden herum, wo sie alle saßen und sagte immer wieder: „Alle raus hier." Ihr war einfach der Kragen geplatzt, und ich habe gestaunt. Dieses Ereignis war schon einige Jahre vor der Goldenen Hochzeit. An diesem Tag aber waren dann alle neuapostolischen Verwandten zu Besuch in der evangelischen Kirche, und so eine Akzeptanz ist wichtig. Ich gehe auch in die katholische Kirche und rate meiner Tochter nicht ab, wenn sie in dieser Kirche den Mann heiratet, den sie liebt.

Wir aus meiner kleinen Familie sind je zur Hälfte evangelisch und katholisch und wir lieben uns alle und gehen mal da und mal dort hin. Streit deswegen gab es noch nie. Ich war auf jeden Fall von dem Verhalten meiner Mutter beeindruckt. Man sollte doch jedem Menschen, der friedlich ist, seine Glaubensfreiheit lassen. So steht es auch in unserem Grundgesetz.

Das ist ein Ziel, um das sich alle Menschen auf der Erde bemühen sollten. Da hat es aber schon Menschen gegeben, wie zum Beispiel der Journalist Pearl, der so eine Bemühung mit seinem Leben bezahlt hat. Doch man darf nicht aufhören, sich um so etwas Gutes zu bemühen. Die ganz oben stehen, wie zum Beispiel der Papst und die Oberhäupter aller Religionen, die müssen sich näherkommen und mit friedlicher Akzeptanz gute Vorbilder sein.

Heute wird diese Art der Bekehrung von der neuapostolischen Kirche nicht mehr so praktiziert. Mein Mann und ich, wir gehen auch in diese Kirche, wenn einmal einer aus der Familie dort heiratet oder wenn eine Trauerfeier ist. Diesen Glauben, der in Ostpreußen sehr verbreitet war, hatten die Eltern meines Vaters mit hierhergebracht. In Ostpreußen gab es kaum Kirchen, besonders nicht für die einfachen Landarbeiter. Und so traf man sich in deren Wohnzimmern und hat Glauben gepredigt und eine Person wurde als Laienprediger bestimmt.

Mein Vater hatte sich nicht getraut, solange seine Mutter noch lebte, evangelisch zu heiraten. Das hat er dann bereitwillig, zur großen Freude meiner Mutter, mit einer großen Feier verbunden und mit kirchlichem Segen nachgeholt. Kinder und Enkelkinder haben den Beiden ein wunderschönes Fest organisiert und alle nahestehenden Verwandten, Freunde und Nachbarn eingeladen. Meine Eltern waren beide sehr glücklich und haben noch den Walzer getanzt, als wenn sie ein junges Paar wären.
So war unser Leben. Für den Zirkus des Lebens, da gibt es kein Programm. Aber unser Programm…es war fast immer schön.

Als wir aber 1992 die Beerdigung meines Vaters im April ebenfalls im großen Rahmen vollzogen hatten, planten wir trotz aller Traurigkeit unsere silberne Hochzeit. Erst gab es das Kränzen, dann wurde der eigentliche Tag, der 3. August, ebenfalls mit Verwandten Freunden und Nachbarn zu Hause gefeiert. Und an dem Wochenende darauf gab es die große Feier in einem Hotel in Haltern mit 97 Personen.

Selbstverständlich haben wir getanzt, und zwar noch schöner als bei unserer grünen Hochzeit. Alle Freunde und Verwandten bescherten uns einen wunderschönen und unvergesslichen Tag.

Bevor dieser Partymarathon stattfand, bemerke ich in unserer Wohnung einige gelbe Ränder in den Wänden und es kam eine schreckliche Vermutung in mir auf. Nachbarn hatten schon einmal einen Wasserschaden und mussten ihre Wohnung für drei Monate verlassen, damit sie renoviert werden konnte. Ich habe nicht geglaubt, dass es bei uns auch so schlimm werden würde. Meinem Jürgen verschwieg ich diese Vermutung, nur einer Nachbarin vertraute ich mich an.

Diese erklärte mich für verrückt, dass ich trotzdem die Silberne Hochzeit feiern wolle. Aber was die Ilse will, das will sie!

Nach der Feier sind wir sogar noch eine Woche in Urlaub gefahren. Zu unserer Cordula habe ich gesagt, sie dürfe uns erst zurückbeordern, wenn man schon Wasser sehen könnte. Sie sah kein Wasser, aber als wir zurückkamen, habe ich oft an die Worte meiner Nachbarin gedacht.

Es wurde 1.000mal schlimmer, als ich es mir ausgemalt hatte. Wir meldeten den Schaden der Versicherung und eine Vertreterin, die den Schaden aufnehmen wollte, drohte uns gleich mit der roten Karte, weil in unserem Haus so ein Schaden schon einmal aufgetreten war und sie vermutete, dass noch weitere folgen würden.

Es wurden Löcher in den Fußboden gebohrt, um die Stelle zu finden. Es war aber nicht eine Stelle, sondern mehrere. In jedem

Zimmer hatte man Löcher gebohrt und man sah schon unter dem Teppichboden Wasser fließen. Schließlich sollten die Schäden an verschiedenen Stellen repariert und Trocknungsmaschinen eingesetzt werden. So hatte es ein Gutachter bestimmt.

Zum Glück kam mein Bruder aus Süddeutschland zu Besuch, der ja Heizungsbaumeister ist, und dieser sagte, alle Leitungen im Fußboden müssten heraus, da noch mehrere Stellen defekt wären.

Das wollte man uns nicht zugestehen von der Versicherung, aber von der Wohnungsbaugesellschaft, von der wir die Wohnung gekauft hatten kam Hilfe. Man half uns in der Form, als dass diese sich mit der Versicherungsgesellschaft in Verbindung setzte.

Der Schaden wurde auf 30.000 DM geschätzt. Unsere ganze Wohnung wurde von einem Umzugsunternehmen leergeräumt und wir sind drei Monate lang zu unserer Mutter gezogen.

Der Fußboden unserer Wohnung wurde 18 cm tief ausgeschlagen. Türpfosten wurden entfernt und die sanitären Einrichtungen ebenso. Nervlich waren wir am Ende. Finanziell mussten wir in Vorlage treten.

Gut, dass die Sparkasse uns vertraute, denn zum Schluss, so mit einigen Sonderwünschen, haben wir fast 60.000 DM gebraucht. Von der Versicherung haben wir dann 39.000 DM bekommen.

Wenn wir unseren Bruder nicht gehabt hätten, der uns dringend riet, die defekte Heizungsleitung als Beweis aufzubewahren, hätten wir diesen Betrag nicht bekommen. Wir waren ihm dankbar. Aber die Baustelle hat uns ein paar Jahre älter gemacht.

Na ja: Auf jeden Fall hatten wir jetzt eine ganz schicke Wohnung und der nächste Plan lief schon. Die Hochzeit von
Corinna und Hermann mussten vorbereitet werden, zunächst standesamtlich.
Die kirchliche Hochzeit folgte Anfang 1993, ein wunderschönes Ereignis.

Das klappte auch alles gut, nur an dem Morgen vor der Trauung starb das neugeborene Baby von Corinnas Freundin. Wir haben trotz der Freude über die Hochzeit viel geweint an dem Tag.

Cordula war inzwischen auch schon 18 Jahre alt geworden und musste noch gut ein Jahr ihrer Lehrzeit absolvieren. Zu ihrem 18. Geburtstag bekam sie 800 DM geschenkt. Davon würde sie sich ein Pferd kaufen, offenbarte sie mir. Für 800 DM würde man kein Pferd bekommen, antwortete ich. Corinnas Pferd hätte auch über 3000 DM gekostet.
Dann würde sie ihren Vater auf der Arbeit anrufen und fragen, was er dazu sagen würde. Dass es gehen würde, wusste ich schon im Voraus. Die Mama würde das schon schaffen. Er redete kurz mit mir und schon am Nachmittag hatten wir ein Pferd.

Ein Mann, ehemaliger Bauer, der noch eine kleine Landwirtschaft nebenbei hatte und mich von den Reitaktionen meiner Kinder kannte, hatte mir einmal versprochen, dass wenn meine Kinder ein Pferd brauchten, würde er mir dabei helfen. Also suchten wir ihn auf und zunächst machte er uns keine

Hoffnung. Er wüsste weit und breit nichts Gutes im Moment. Als wir schon im Weggehen begriffen waren, rief er uns zurück. Er hätte noch ein Pony auf der Weide weiter weg stehen, dass er einmal für sein Enkelkind gekauft habe, aber dieses hätte kein Interesse daran. Nur seine Frau, die dürfe davon nichts erfahren.

3500 DM war der Preis, und es war auch ein gutes Tier, wie Corinna schon eins hatte. In der geheimen Überführungsaktion ritt meine Tochter über Straßen, Felder und Wiesen bis zu Bauer Hermann, meinem Schwiegersohn. Der alte Bauer mit dem Damenfahrrad von Cordula neben ihr her und ich mit dem Auto dahinter. Man braucht ja nicht immer einen Pferdeanhänger. Es war sicher ein Bild für die Götter. Vor allen Dingen, wie der alte Bauer auf dem modernen Damenrad von Cordula saß.

Cordula kannte da auch schon ihren späteren, den ersten Ehemann. Mit ihm hatte sie in der Kirche für soziale Projekte ehrenamtlich gearbeitet. Zwischendurch kellnerte sie auch manchmal, denn ein Pferd zu unterhalten, das kostet ja auch Geld.

Wenn meine Arbeitskollegin davon hörte, was ich meinen Kindern ansonsten alles bot, wie Partys, Autos, Pferde und später noch eine Küche, auch die Verwöhnung aller mit dem leckeren Essen und dass sie immer so viele Freunde mitbringen durften, dann hat sie mich manchmal ermahnt:

„Eines Tages würde ich schon eine Retourkutsche bekommen, hat sie gesagt. Das wäre nicht gut, wie ich das machen würde!"

Aber da ich alles mit viel Liebe und in Gesprächen verpackt hatte und die beiden Mädchen wussten, dass wenn ich nichts hatte, könnten sie auch nichts bekommen. Aber wenn doch, warum nicht?

Wichtig war für mich, dass meine Kinder glücklich waren und ich dabei auch. Und pflichtbewusst und arbeitsam mit Achtung vor ihren Eltern, das waren sie immer. Und sie sind heute noch die besten Kinder der Welt.

Hunde spielten auch eine Rolle bei uns. Zu der Zeit aber, als die Kinder noch zu Hause waren, hatten wir schon unseren zweiten Hund. Der erste, unser Langhaardackel Topsi, wurde zwölf Jahre alt. Er starb leider an Krebs.

Als er eingeschläfert wurde, haben wir alle geweint, als wäre es ein Familienmitglied. Wir konnten nicht einmal unseren Sonntagsbraten essen und sind in der Hoffnung auf Ablenkung alle vier zu meinem Elternhaus gefahren. Dort wohnten noch meine jüngere Schwester und meine Eltern. Statt uns abzulenken haben sie alle mitgeweint. So etwas kann nur einer verstehen, der selbst ein Tier hat und es liebt. Die beste Trauerüberwindung sei, sich schnell wieder einen Hund zu kaufen, hatte der Tierarzt gesagt.

Dieses Mal sollte es ein großer Münsterländer werden.

Wir hielten Ausschau bei Züchtern und fanden einen kleinen Hundl, der sich unter einem Zaun zu uns hin befreit hatte. Er war so schön kuschelig und schwarzweiß. Das Glück stieg nach der Trauer wieder in uns auf.

Corinnas Freundin bekam zur gleichen Zeit einen schwarzweißen Cockerspaniel und die beiden Hunde spielten oft in unserem Garten.

Leider hatte wohl ein Hundefeind Gift durch unseren Zaun geworfen, denn beide Hunde erkrankten zur gleichen Zeit. Der Cocker starb, aber unser Hund wurde mit einer Medizin, die täglich mit einem Tropf verabreicht wurde, am Leben gehalten.

Wenn ich einem erzählt hätte, was ich in den Monaten für den ersten Hund, für die Operationen, Behandlungen und Einschläferung, und den Neukauf des zweiten Hundes und die wochenlange Behandlung wegen des Giftes bezahlt habe, der hätte mich für unnormal gehalten. Aber wir haben es geschafft. Jürgen verdiente gut und ich ging inzwischen ja auch schon 5 Stunden arbeiten.

In den Urlaub sind wir auch regelmäßig gefahren, immer mit den Kindern, meistens auch mit dem Hund.

Mosel, Niederbayern, Franken, Jugoslawien, Spanien, Holland, Österreich und Ungarn, oft zweimal im Jahr, das waren schöne Erlebnisse.

Krank waren wir fast nie. Jürgen schon gar nicht. Corinna hatte einmal eine sehr schmerzliche Mittelohrentzündung und einmal, das war ganz schlimm, einen allergischen Schock nach einer

Zahnbehandlung, der fast erst in letzter Sekunde gestoppt werden konnte. Und Cordula hatte einmal das Pfeiffersche Drüsenfieber. Das war auch gefährlich, aber im Nachhinein glaube ich, dass das schon mit unserem Wasserschaden zusammenhing. Wir hatten schon Wasser unter dem Fußboden und Schimmel hinter den Schränken und wir hatten es wirklich nicht bemerkt.

Das Wasser war sogar im Kinderzimmer durch die Hausmauer geflossen und wir wunderten uns damals, dass eine Gartenecke immer feucht war.
Ich selbst hatte inzwischen auch einige OP' s, die gut verliefen.

Aber wir sind **ja** erst in der Mitte meines Lebens, dem 50. Geburtstag. Aber unbedingt muss ich noch von einem Ereignis an meinem 40. Geburtstag schreiben.

Da hatte ich über 30 Gäste zu Hause eingeladen, unter anderem einen Vetter von Jürgen. Ihm war fünf Jahre zuvor die Frau gestorben. Er war depressiv und wollte am liebsten gar nicht mehr leben. Ich habe eine Dreiviertelstunde gebraucht, ihn zu überreden, dass er zu meinem Geburtstag kommt. Ich habe, es wird mir keiner glauben, am Telefon auf den Knien gelegen. Er musste zwar zur Nachtschicht, aber ich führte etwas im Schilde.

Ich wollte ihn mit einer Freundin, die auch nichts von meinem Plan wusste, verkuppeln. Ich lud auch sie ein. Ich selbst saß vor Kopf an meiner langen Tischreihe und jeder Gast wusste, dass die Plätze rechts und links neben mir frei bleiben müssten, nämlich für meine Überraschungsgäste.

Schon nach kurzer Zeit, als alle Gäste da waren, fragte mich der Vetter, wer denn die Dame sei, die ihm gegenübersitzen würde.

Ich antwortete ihm, dass sie genauso alleine sei wie er. Vor der Nachtschicht tanzte er noch mit ihr.

Es vergingen zwei Wochen, es war in der Adventszeit, da stand er plötzlich vor meiner Tür, mit frisch gepflücktem Tannengrün aus dem Sauerland und besuchte mich. Das wäre Dekoration für meine Wohnung und die Terrasse sagte er. Er wusste, dass ich gerne dekoriere.

Ich spürte, dass er eine Frage hatte, sich jedoch nicht traute zu fragen. Ob er eine Telefonnummer von mir haben wollte, fragte ich ihn und er bejahte.

Weihnachten feierte er in dem Jahr schon mit seiner neuen Liebe. Wegen meiner Kuppelaktion machte er mir eines Tages ein wunderschönes Kompliment. Ich hätte ihm mehr gegeben als sechs Richtige im Lotto. Er war 18 Jahre glücklich mit meiner Freundin verheiratet, bis er wegen einer schweren Krankheit starb.

Meine Party zum 50. Geburtstag war ebenfalls sehr schön. Ich hatte vorher eine besondere Einladung für jeden meiner Gäste herausgeschickt. Morgens kamen schon viele unerwartete Gäste: Mein Chef, ehemalige Kollegen, Nachbarn und Freunde und abends etwa 50 Gäste zu der Gaststätte, in der die Feier stattfand.

Wenn andere Frauen mit der 50 ein Problem hatten, so hatte ich das Gefühl das Leben ging erst richtig los.

Die Einladung dazu war so einzigartig, dass sie schon fast diese vorliegende Biografie vorweggenommen hat.
Es fehlte mir damals nur die Zeit dafür, so etwas zu schreiben.
Außerdem wäre sie viel kürzer geworden, denn danach kamen ja noch entscheidende Ereignisse in meinem Leben.

Seite 1 der Einladung

Seite 2 der Einladung

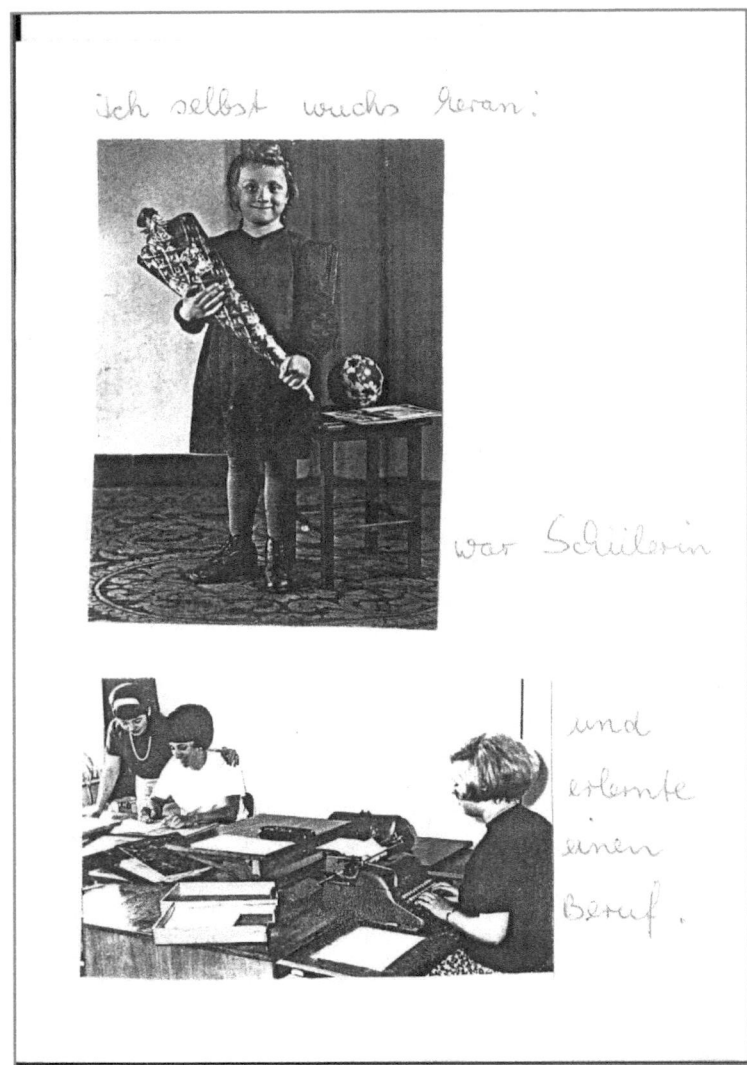

Seite 3 der Einladung

Seite 4 der Einladung

Heute bin ich immer noch ein glückliches Kind und versuche, dieses Glück an

meine kleine

und große Familie weiterzugeben.

Seite 5 der Einladung

Ich versuche, eine gute Ehefrau,
Mutter, Tochter, Schwester,
Schwägerin, Tante, Freundin,
Nachbarin und Kollegin zu sein.

Ich habe das Glück, all das
Glück begreifen zu können

Über all die Kraft zu kämpfen,
mit der ehrlichen Absicht
niemanden zu verletzen,
bin ich sehr glücklich.

Seite 6 der Einladung

Am glücklichsten bin ich aber, wenn ich alle, die mich lieben, um mich habe. Deshalb freue ich mich von Herzen über jeden, der mir an diesem Tag gerne gratuliert, ganz gleich in welcher Form, ich bin zu Hause. Ilse

Seite 7 der Einladung

Kurz danach wurde unser erstes Enkelkind geboren. Corinna hatte oft geweint, weil sie fast drei Jahre warten musste, bis sie schwanger wurde. Eine Endometriose hatte das verhindert und drei Eingriffe waren erforderlich.

Aber das Glück kennt keine Grenzen, wenn man Oma und Opa wird. Während ich im Krankenhaus mit Hermann der werdenden Mutter Beistand leistete, saß Jürgen Zuhause auf der Terrasse und ich müsste ihn sofort anrufen, wenn das Kind da wäre, hatte er gesagt.

Der Kaiserschnitt verlief problemlos und ein wunderschönes Kind mit dem Namen Sophie durfte ich nach meinem Schwiegersohn in den Armen halten. Dieses Gefühl war unbeschreiblich schön, es ging durch meinen ganzen Körper. Wenn es vier Wunder gab in meinem Leben oder schönste Tage, so waren es die Geburten meiner beiden Mädchen und die meiner beiden Enkelkinder.

Jürgen saß auf unserer Terrasse Zuhause. Ich habe ihn angerufen und glücklich die Geburt von Sophie verkündet und wir haben beide geweint. Später erzählte meine Nachbarin, ihr Sohn sei nach Hause gekommen und er musste immer an unserem Gartenzaun vorbei. Und er sagte zu seiner Mutter, dass Jürgen, der sonst immer so ein lautes Organ hätte, jetzt auf der Terrasse sitze und wie ein Schlosshund heulen würde. Abends gab's bei uns eine schnell ins Leben gerufene große Terrassenparty.

Kurz nach der Geburt von Sophie wurde der Bauernhof auf unseren Schwiegersohn überschrieben. Seine Eltern zogen in ihren Bungalow gegenüber dem Bauernhof und hatten mit ihren anderen vier Kindern vorher alles vorbildlich geregelt.

Das Bauernhaus stand jetzt leer und war renovierungsbedürftig. Corinna und Hermann hatten schon ein paar Jahre eine Mietwohnung und Geld für die komplette Renovierung gespart. Es halfen viele mit, so auch Jürgen und ich, obwohl ich mehr fürs Kochen und Kind sorgte. Das war natürlich die schönste Aufgabe. Es dauerte einige Monate, bis der große Umzug in das frisch renovierte Bauernhaus stattfand.

Vor diesem Umbau hatte auch meine Mutter ihr Testament gemacht. Unser Elternhaus, ebenfalls renovierungsbedürftig und ein riesengroßer Garten, der viel Arbeit machte, waren auf vier Kinder zu verteilen.

Als mein Vater gesund war, war alles immer ordentlich und schön, aber er hatte vor dem Tod schon einige Jahre wegen seiner Krebserkrankung nicht mehr alles bewältigen können, und meine Mutter war jetzt mit dem großen Anwesen überfordert. Ich musste oft hilfreich einschreiten, nicht nur arbeitsmäßig, auch finanziell. Eine Frau, die nicht berufstätig war, bekam nur 60 % Rente und das reichte gerade mal zum Leben.

Wir vier Kinder überlegten gemeinsam mit unserer Mutter, wie wir aus dem Eckgrundstück mit dem fast 50 Jahre alten Haus das Beste für jeden machen könnten. Mit Hilfe einer guten Notarin haben wir es ohne Streit geschafft, alles gut zu verteilen. Meine Mutter bekam in ihrem Haus im Erdgeschoß das kostenlose

Wohnrecht, meine jüngere Schwester, die mit ihrer Tochter alleinerziehend war und schon länger dort wohnte, bekam das kostenlose Wohnrecht in der oberen Etage.

Meine ältere Schwester erhielt von meinem Bruder und mir eine Auszahlung. Mein Bruder erhielt knapp die Hälfte des Grundstücks, so dass er ein Haus bauen konnte und ich erbte das Elternhaus und gab das Wohnrecht und konnte einen Anbau und eine halbe Holzbaracke abreißen und auf dem Grund ein Haus an das Elternhaus anbauen.

Dass ich meine Mutter einmal pflegen würde, stand für mich und meine beiden Schwestern fest. Darüber brauchten wir keine vertragliche Regelung.

Zuerst baute mein Bruder. Da er in Süddeutschland wohnt, war ich sein „Bauleiter", aber nebenbei hatte ich noch meinen Bürojob, meinen Mann und mein Enkelkind wollte ich oft sehen und der Hund musste noch ausgeführt werden. Alles war anstrengend, aber auch schön.

Mal fuhr ich zum Bauernhof, aber auch oft zu meiner Mutter, die immer hilfebedürftiger wurde. Es war auch so, dass meine ältere Schwester an Leukämie erkrankte, was allen Angehörigen und mir große Sorgen bereitete.

Meine Schwester war verheiratet und hatte drei Kinder, die zu der Zeit unter 30 Jahre alt waren. Sie war nach meiner Meinung die schönste und perfekteste Frau, die ich kannte, so in etwa mein Vorbild. Sie erzählte nicht viel von ihrer Krankheit, änderte ihr Leben ein bisschen, arbeitete nicht mehr so viel und kümmerte sich fast nur noch um die Familie.

Sie tat immer so, als würde alles schon wieder, erzählte nie etwas von Befunden und Befindlichkeiten. Wenn wir fragten, hatte sie sich schon eine Antwort zurechtgelegt. Sie sah auch gar nicht krank aus, so dass wir auch nicht wissen konnten, wie es wirklich um sie stand.

Sie reduzierte ein bisschen ihrer Arbeitsstunden, ging schwimmen, besuchte einen Volkshochschulkurs und fing an, Puppen und Teddys zu fertigen. Sie nähte einen Teddy nach dem anderen. Auch zu meiner Mutter, die immer pflegebedürftiger wurde, kam sie regelmäßig und pflegte sie gut, so dass ich manchmal dachte: So gut, wie sie das kann, würde ich das nicht können. Aber es vergingen noch einige Jahre.

Ihre beiden Söhne waren selbstständig, versuchten sich hoch zu arbeiten, ihre Tochter war verheiratet und wie einer der Söhne baute sie gerade ein Haus. Für ihre Enkelkinder war meine Schwester immer da und immer liebevoll. Das Leben lief so weiter, als wenn nichts wäre.

Ich hatte inzwischen die Idee mit unserem Hausbau. Das war bei meinem Jürgen auch gar nicht so einfach durchzusetzen. Wir hatten ja eine schicke Eigentumswohnung, die fast bezahlt war. Mit über 50 zu bauen, das sah er einfach nicht ein. Immer wieder fand ich Argumente und Gründe, ein Haus zu bauen.

Mein Bruder hatte sein Haus schon fertig und er, so baulustig wie ich, motivierte mich noch. Er hätte da gerade in seiner Firma eine Architektin, die mir eine Zeichnung machen könnte. Ich hätte ihm ja so viel geholfen bei seinem Haus. Aber ohne Jürgens Zustimmung hätte ich so etwas nicht in Auftrag geben können.

Meine Argumente waren unter anderem, dass ich sehr oft mit dem Fahrrad zu meiner Mutter fahren musste, weil sie meine Hilfe brauchte. Außerdem war es nötig, mein Elternhaus zu renovieren, es gehörte uns ja und Platz zum Bauen hätten wir auch und lange warten könnten wir aus Altersgründen auch nicht mehr.

Ich habe wirklich einen Kniefall gemacht, als er endlich zustimmte. Dann ging die Planung los. Da die Architektin 600 km weit entfernt war, habe ich Fotos gemacht und Zeichnungen, wie ich mir das vorstellen würde und wir zwei Frauen haben hin und her gefaxt und telefoniert, bis wir endlich einen Plan hatten, den ich akzeptieren konnte.

Ich sage, ich konnte ihn akzeptieren, denn Jürgen hatte gesagt, von Planung hätte er keine Ahnung, und wenn ich unbedingt ein Haus bauen wollte, dann sollte ich es tun. Und so nahm ich es in die Hand.
Zwei Jahre kämpfte ich mit dem Bauamt, bis ich endlich eine Genehmigung hatte. Es waren mehrere Hürden zu überwinden, und manchmal hab ich schon gedacht, ich würde es nicht schaffen, weil es immer neue Auflagen gab, die zu erfüllen waren.

An dem letzten Tag vor der Genehmigung hatte ich schon keine Hoffnung mehr. Ich habe zu dem Bauamtsleiter gesagt, dass ich diese Stadt noch schöner machen wollte, und wenn es nicht klappen würde, dann würde ich einfach alle alten Gebäude stehen lassen und alles sollte so bleiben, wie es jetzt ist.

Ich weiß nicht, ob ich alle Auflagen endlich erfüllt hatte oder ob mein verzweifelter Ausbruch etwas bewirkt hatte. Am nächsten Tag hatte ich auf jeden Fall meine Genehmigung.

Wir begannen Ostern 1997 mit dem Abriss der alten Gebäude, der halben Baracke, dem riesengroßen Anbau und einem terrassenähnlichen Vorbau; das alles musste weg.

Trotz ihrer Krankheiten freute sich meine Mutter über die Aktionen. Bergeweise Bauschutt musste entsorgt werden.

Diese ganze Aktion wurde von unserer großen Familie bewältigt, während für alles, was dann folgte, Firmen eingesetzt wurden.

Ich vereinbarte mit meinem Neffen, der der Bauunternehmer war, dass wir am 3. August, unserem 30. Hochzeitstag, Richtfest feiern müssten.

Er hat diesen Termin eingehalten.

Mit allen Freunden und Verwandten und Nachbarn feierten wir ein riesengroßes Richtfest.

Unsere Tochter Cordula erzählte an diesem Tag allen neugierigen Gästen, dass ihre Eltern verrückt seien, mit über 50 noch ein Haus zu bauen. Aber nicht böse gemeint, eher ein bisschen stolz.

Jürgen konnte sich da erst vorstellen, wie alles einmal werden könnte und sollte. Als wir auf der Betonplatte im obersten Geschoss, wo eigentlich die Schlafräume hinsollten, standen, erklärte ich meinem Jürgen, dass ich oben keine Schlafräume machen würde, weil ich immer schlechter laufen könne und dass die Kosten inzwischen so hoch seien, dass wir oben besser eine separate Wohnung bauen sollten.

Inzwischen war bei uns nämlich eine neue Situation eingetreten, Jürgen konnte in den Vorruhestand gehen, er hatte die Papiere schon unterschrieben. Also musste das neue Projekt auch wirtschaftlich sein, und er stimmte zu, dass oben eine Mietwohnung entstehen solle.

An demselben Tag überlegten wir auch noch, dass unten vielleicht die Küche vergrößert werden und diese ebenso wie das Wohnzimmer einen Ausgang zur Terrasse haben sollte.

Und noch ein paar Änderungen überlegten wir beide dann gemeinsam, und ich legte diese dem Bauamt vor zur Genehmigung. Das klappte auch. Es gelang mir, gute Firmen zu finden und bis auf den Klempner haben alle das Beste getan. Am 21.2.98 zogen wir ein.

Der Umzug war riesig. 23 Jahre verpacken von einer 109 qm

Wohnung, Keller, Garage, Terrassen und Garten, das ist eine Herausforderung und schon beim Leerräumen der Küche sagte ich mir, dass es der letzte Umzug in meinem Leben sein würde.

Aber wie beim Abriss der alten Gebäude, half die Großfamilie wieder mit. Kinder, Nichten, Neffen, Geschwister, Schwager, Freunde und so weiter - wir waren 16 Leute. Die neue Küche stand schon, alles war tapeziert und angestrichen. Der tolle Kamin war fertig, der Schalke-Keller vom Feinsten vorbereitet, Lampen und Gardinen hingen schon, im neuen Haus war alles sauber und fertig.

Es musste nur noch eingerichtet werden. Alle Schränke wurden schnell aufgebaut und eingeräumt, sogar die Waschmaschine lief schon am Abend, als alle Helfer zusammensaßen und wieder einmal lecker vorbereitete Speisen aßen und tranken.

Eine Woche später fuhren wir schon zum Schalke-Spiel nach Mailand. Es war ein schönes Erlebnis, denn Live ist nun mal Live. In dieser Zeit vermietete der Makler unsere Wohnung im Obergeschoß. Genau der Makler verkaufte auch sehr gut unsere Hügelhauswohnung, die vorher ja ebenfalls noch sauber hergerichtet werden musste.

Unser Arbeitsleben ging weiter, aber nicht mehr lange. Jürgen sollte noch bis Ende März 99 arbeiten und ich hatte gar nicht ans Aufhören gedacht.

Aber in meinem Büro war es so, dass mein Büroleiter eines Tages unverhofft vorbeikam und mir sagte, dass ich auch die Möglichkeit hätte, in den Vorruhestand zu gehen.

Ich war an dem Tag voll ausgepowert und war glücklich über die Idee. Wenn wir auch vorher mit der Politik des zuständigen Ministers nicht einverstanden waren, so lockte mich jetzt doch dieser gut gemeinte Vorschlag. Es war aber nicht so, dass mein Chef mich loswerden wollte. Ich wusste, dass er es gut mit mir meinte.

Und so konnte ich meine Urlaubsvertreterin als meine Nachfolgerin gewinnen. Diese Kollegin hatte wie ich früher im Büro beim Chemischen Werk gelernt und wir hatten dort schon viele Jahre zusammengearbeitet. Ich habe sie immer in guter Erinnerung. Meine Lehre begann nach ihrer. Aber wir mussten gemeinsam mit einem unfreundlichen und ungerechten Abteilungsleiter zusammenarbeiten, der fast jedes Lehrmädchen vergraulte.

Ich bin zwar groß gewachsen, aber gut wehren konnte ich mich nicht, als er mich einmal zu Unrecht für etwas beschuldigte. Da wurde meine vom Wuchs her eher kleine Kollegin riesengroß und verteidigte mich. Seither sind wir schon 55 Jahre befreundet und unsere Wege kreuzen sich immer wieder.
Es klappte alles mit der Kündigung auf Gegenseitigkeit. Mein Büroleiter erledigte die Formalitäten im Hauptwerk und ich, die vorher brav weiterarbeiten wollte, war frei und Ende März 99 konnten Jürgen und ich in den Vorruhestand gehen. Beide am selben Tag.

Ich hatte schon mittags Feierabend und Jürgen abends. Als er nach Hause kam, saß der ganze Garten voll mit lieben Menschen; mir war die Überraschungsparty geglückt. Wir freuten uns riesig auf unser neues Leben in dem schönen, praktisch gebauten Haus, von dem jeder sagte, das haben Frauen geplant und es ist behindertengerecht, was für unser weiteres Leben von Bedeutung werden sollte.

Ich hatte mir am letzten Arbeitstag vorgenommen, dass ich kein Lotterleben führen werde, sondern mich an jedem Tag schick anziehen will, so dass ich überall hingehen kann. Und genau das hab ich bis jetzt durchgehalten. Ich will immer gepflegt sein. Aber ich wäre kein Mensch, wenn ich nicht zwischendurch einmal gammeln würde. Aber es ist so schön, wenn man nicht jeden Tag um seine Existenz kämpfen muss und von seiner Rente einfach nur leben kann.

Jürgen hatte von der Firma eine ziemlich formelle Abschiedsfeier, während ich in meiner Firma noch ein ziemliches Highlight erleben durfte nach 23 Jahren harter aber interessanter Arbeit dort.

Heute kommen mir noch die Tränen der Rührung, wenn ich daran denke. An diesem besagten Montag kamen alle 16 Männer in leitender Stellung - einer war sogar im Vorstand - die mit mir zusammen gearbeitet hatten im Laufe der 23 Jahre.
Aus allen Teilen Deutschlands: Wuppertal, Stuttgart, Trier, Solingen und so weiter waren sie für mich angereist gekommen. Ich wusste nichts davon. Als ich den Raum betrat, in dem die Feierlichkeit stattfand, standen alle 16 im offenen Kreis und

strahlten mich an. So etwas hätte ich in meinen kühnsten Träumen nicht erwartet.

Vielleicht hatte ich mit einer Rede gerechnet und mit schönem Essen zum Abschied, mehr nicht.

Ich hatte Kniesacken und sie merkten meine Ergriffenheit. Ich war wirklich zu Tränen gerührt.

Ich war immer wie eine Mutter zu allen und ich hatte zu manchem gesagt, dass man viel erreichen könne, wenn man nur wolle. Meinem damaligen Chef, der alles organisiert hatte, und meinem ehemaligen Büroleiter, der mich frei gekämpft hatte, bin ich heute noch sehr dankbar.

Wieder einmal hatte ich großes Glück.

Kapitel 4

Jetzt ging unser gemeinsamer Weg zum Arbeitsamt. Laut politischem Plan mussten wir jetzt Arbeitslosengeld beantragen. So etwas hatten wir noch nie gemacht.

Außer meiner Kindererziehungszeit hatte ich 35 Jahre lang an zwei verschiedenen Arbeitsstellen gearbeitet. Jürgen war nur in einer einzigen Firma, die einige Male umbenannt wurde, 40 Jahre lang tätig.

Jetzt hatte ich endlich auch mal Zeit zum Arzt zu gehen. Ich war selten krank. Höchstens dann, wenn ich mal wieder dringend operiert werden musste. So manches Mal habe ich mit einer Wärmeflasche im Rücken im Büro gesessen, weil ich keinen Krankenschein nehmen wollte. Jetzt ging ich endlich mal zum Orthopäden.

Weil nach mehreren Spritzen die Schmerzen nicht weggehen wollten, schickte er mich zur CT. Als der Orthopäde die vielen kleinen Bilder sah, sagte er, dass das Gesehene für die Rente reichen würde. Ich war ziemlich überrascht, sammelte meine Rentenunterlagen und holte mir einen Termin im Rathaus.

Als ich der Sachbearbeiterin vortrug, was der Arzt mir gesagt hatte, antwortete sie, dass der Arzt das gar nicht beurteilen könne. Sie nahm aber alles schriftlich auf, und als ich mich noch traute zu fragen, wie lange so etwas dauern würde bis man eine Nachricht bekommt, antwortete sie, hinterher sei noch keiner zu ihr gekommen.

Ich wartete ein paar Wochen, bis ich zu Gutachtern bestellt wurde. Genau nach drei Monaten lag der Bescheid der Erwerbsunfähigkeitsrente vor, zunächst befristet auf drei Jahre.

Später musste ich aber zu keinem Gutachter mehr. Die Rente lief nach drei Jahren weiter bis heute und zwar in genau der Höhe, wie ich vorher netto verdient hatte. Ich hatte meine Abfindung bekommen, brauchte zu keinem Amt mehr und bekam mein Geld weiter, ohne berufstätig sein zu müssen. Wieder Glück und große Freude.

Die Kinder waren aus dem Haus, beide hatten ihre guten Arbeitsstellen, die sie heute noch haben. Corinna verheiratet, mit ihrem Kind und mit Hermann, dem Bauern, glücklich. Cordula wohnte mit ihrem Freund zusammen. Sie heiratete erst im Jahr 2000.

Wir konnten in den Urlaub fahren, wann immer wir wollten und taten es auch. Oft nahmen wir unser Enkelkind mit, manchmal auch Corinna, weil Hermann den Hof nicht verlässt.
Mit Sophie war es immer schön. Man hatte zwar ein bisschen Angst, dass dem Kind mal was passieren könnte. Einmal hatte ich sie an den Beckenrand gesetzt und sie war mir ins Wasser geplumpst. Da war ich vor Schreck fast erstarrt, aber ich war schnell genug bei ihr.

Das war schon eine große Verantwortung, und ich habe mich nach jedem Urlaub beim lieben Gott bedankt, dass nichts passiert war. Aber die Freude mit ihr war das Größte.

Manche Leute, besonders die, die noch kein Enkelkind hatten, konnten uns nicht verstehen. Dann haben wir meistens gesagt, dass wir ohne Enkelkind viel weniger lachen würden und wir wären mit Sophie viel glücklicher.

Ich habe ihr schnell das Schwimmen beigebracht und manchmal erzählte sie fremden Leuten an unserem Hoteltisch lustige Sachen von ihrem Bauernhof. Als sie einige Zeit später in der Nähe vom Bodensee das Freischwimmer-Abzeichen machte, hat sie so viel Ehrgeiz bewiesen, dass sie mindestens 10-mal getaucht ist, um einen Gegenstand vom Beckenboden zu holen und hinterher total erschöpft war.

Sie wollte es unbedingt schaffen und hat sich nicht davon abhalten lassen. Sie hatte schon eine Fangemeinde um das Schwimmbecken gesammelt und dann ordentlichen Applaus geerntet.

1999 beginnt unser „Unruhestand". Corinna wird wieder schwanger. Sie war wieder berufstätig geworden, weil sie schon gar nicht mehr glaubte, dass es noch einmal klappen würde. Vollkommen glücklich war sie darüber und ging auch noch kurze Zeit arbeiten.
Dann aber setzten Wehen ein und es bestand die Gefahr, dass sie das Kind verlieren würde. Schon der Weg vom Bett zur Toilette war fast zu viel.

Wir beschlossen, dass wir Corinna und die kleine Sophie in unserem neuen Haus aufnehmen. Corinna konnte mit Sophie im Schlafzimmer schlafen, ich schlief im Kinderzimmer und Jürgen schlief in seinem Schalke-Keller. Ich brachte Sophie morgens zum Kindergarten und dann versorgte ich Corinna.

Hermann war es auf keinem Fall möglich, bei der vielen Arbeit auf dem Bauernhof, das auch noch zu tun. Sophie fühlte sich wohl bei uns, und es war eine schöne Zeit. Meine Mutter holten wir auch oft zu uns herüber. Sie hatte ja eine barrierefreie Wohnung in dem renovierten Elternhaus und sollte dort nicht alleine sein.

Das Jahr zweitausend war wieder eines mit schrecklichen und guten Ereignissen. Das erste gute zuerst: Es geschah am 21.3. mit der glücklichen Geburt unseres Enkelkindes Jana.

Aber der gesundheitliche Zustand meiner Schwester wurde immer dramatischer. Nach Chemotherapie und Bestrahlung hatte sie oft fürchterliche Schmerzen, war mal im Krankenhaus, dann wieder zu Hause. Wir haben alle gelitten, besonders meine Mutter, aber ganz besonders meine Schwester. Es war Anfang Mai, da lagen meine Mutter und meine Schwester in demselben Krankenhaus.

Ein ungeschickter Arzt hatte zu meiner Mutter gesagt, dass meine Schwester das Krankenhaus nicht mehr lebend verlassen würde, und daraufhin hat meine Mutter noch einen Herzinfarkt bekommen.

Als Cordula dann zwei Wochen später heiratete, konnte meine Mutter noch nicht an der Feier teilnehmen. Die Söhne meiner Schwester haben diese dann im Rollstuhl für ein paar Stunden zu der Feier geholt. Die Stunden hat sie genossen, aber danach im Krankenhaus ging es ihr wieder schlechter. Sie kam noch einmal nach Hause, aber die Schmerzen waren dort kaum auszuhalten und sie wurde dann wieder eingeliefert. Nachdem meine Mutter aus dem Krankenhaus entlassen wurde, war sie aber auf einen Rollstuhl angewiesen.

Wir selbst hatten in 2000 noch einen Mallorca-Urlaub mit meinem Bruder gebucht, den wir Ende Juni antreten mussten. Er war schon geplant, bevor wir wussten, dass meine Schwester bald sterben würde. Ich hatte schon Angst, dass ich meine Schwester nicht mehr lebendig wiedersehen würde, doch sie hatte eine längere Sterbephase.

Als wir zu Hause waren, haben wir uns alle an ihrem Bett abgewechselt, damit sie zu keiner Stunde alleine war. Manchmal waren wir sogar zu dritt im Krankenhaus, aber sie konnte einfach nicht sterben.

Eines Tages kam ein Psychologe zu uns und fragte, ob es einen Menschen geben würde, von dem sich meine Schwester noch nicht verabschiedet hätte. Da sagten wir, es könnte nur unser Bruder sein, der nahe beim Bodensee wohnte und dort ein Unternehmen hat.

Ich rief meinen Bruder an und berichtete ihm von der Vermutung, die der Arzt ausgesprochen hatte. Mein Bruder hat sich trotz seiner vielen Termine sofort in den Zug gesetzt und ist nach Recklinghausen gefahren. Dort haben Jürgen und ich ihn am Bahnhof abgeholt.

Er war noch bei der langen Reise im Zug eingeschlafen und hat den Ausstieg verpasst. In Windeseile haben wir ihn dann am nächsten Bahnhof abgeholt und sind mit ihm zum Krankenhaus gefahren.

Und man kann es nicht glauben: Wir alle, die Kinder, ihr Mann, wir Geschwister, alle waren bei ihr. Mein Bruder hatte sich von ihr verabschiedet und wir haben ihn wieder zum Bahnhof gebracht. Es war keine halbe Stunde später, da bekamen wir die Nachricht, dass meine Schwester gestorben ist. Ihre Familie war bei ihr. Vorher lag sie tagelang im Sterben, konnte aber nicht mehr sprechen.

Dass es so etwas gibt - daran hätte ich vorher nicht geglaubt. Mein Jürgen kann nicht so gut Tränen sehen, darum fuhr ich an einen Waldrand in der Nähe und hab geschrien und geweint. Für jeden von uns hatte Uschi zum Abschied einen Teddy oder eine ganz besondere Puppe genäht.

Unser Leben ging weiter, so traurig wir alle waren, aber dieses Mal lenkte die kleine Jana ab. Am Frühlingsanfang geboren, war sie immer unser Sonnenschein.

Zu dieser Zeit hatte meine jüngere Schwester, die 1994 noch einen Sohn bekommen hatte, eine neue Familiensituation. Sie waren jetzt mit ihrer Tochter aus zweiter Ehe zu viert. Obwohl alle drei glücklich waren über den Sohn und Bruder, häuften sich Eifersüchteleien, bis die Tochter schon frühzeitig in eine eigene Wohnung zog und nach anfänglichen Schwierigkeiten ihr Leben selbst in die Hand nahm.

Manchmal hatte ich Angst um sie. Heute aber weiß ich, dass diese Erfahrungen sie stark gemacht haben. Sie erinnert sich heute oft, dass ich ihr folgenden Spruch sagte: „Immer, wenn du denkst, es geht nicht mehr, kommt von irgendwo ein Lichtlein her".

Diesen Spruch musste ich auch oft zu meinem Neffen sagen, der ein Unternehmen gegründet hatte und oft nicht wusste, wie es weitergehen sollte.

Manchmal helfen auch so kleine Dinge und zeigen, dass das Leben immer irgendwie gut weitergeht und man lernen muss, dieses Auf und Ab zu verkraften. Aber es gibt die Situationen, wo einem einfach ein Mensch zur Seite stehen muss. Ich war oft gerne dieser Mensch, war selbst aber froh, dass ich auch oft von anderen Menschen Hilfe und Liebe erfahren habe. Das hatte viel mit meiner praktizierten Nächstenliebe und Aufgeschlossenheit zu tun.

Meine jüngere Schwester hatte schon zwei gescheiterte Ehen hinter sich und aus der zweiten Verbindung war diese Tochter, die, wie schon einige Male erwähnt, mich immer wieder um Beistand bat. Denn ihrer Mutter fehlte oft die Kraft und meine Schwester, für die ich oft Mutterersatz war, brauchte eher meine Unterstützung, die ich ihr gab. In allen Lebenslagen.
Meine Mutter selbst hatte da nicht versagt, denn sie hatte das Kind so spät bekommen, war selbst schon aufgebraucht und musste sich viel um meinen Vater kümmern.

Wenn meine Schwester down war, habe ich es fast immer geschafft, sie wiederaufzurichten. In schwierigen Familiensituationen, bei Behördengängen, beim Papierkram und besonders, als es um ihre Rente ging. Oder in finanziellen Dingen sowie in allen Katastrophen stand ich ihr wie ein Fels zur Seite, habe aber auch immer wieder versucht, sie selbständig und stärker zu machen. Ich habe es einfach so gemacht, und es war auch gut so. Heute wohnen wir nebeneinander, sehen uns oder telefonieren täglich, kennen unsere Stärken und Schwächen gegenseitig und machen das Beste daraus. Besonders haben wir gemeinsam unsere kranke Mutter, die unseren Vater 17 Jahre überlebt hat, bis zu ihrem Tod verwöhnt. Und diese schönen Häuser, in denen wir jetzt alle gemeinsam wohnen, habe ich auch ihr zuliebe gebaut beziehungsweise restauriert.

Es gibt viele Dinge, die kann meine Schwester sogar viel besser als ich, zum Beispiel Autofahren, backen, nähen, malen, basteln, künstlerisch hat sie viel mehr drauf als ich.
Heute, wo mein Körper nicht mehr so richtig mitmacht, bin ich froh, dass ich eine Schwester habe, die mir manchmal hilft. Beispielsweise beim Anziehen oder sie besorgt mir lebensnotwendige Dinge, weil ich nicht mehr gut laufen kann und so weiter. Unser großer Altersunterschied ist jetzt für mich ein Vorteil.

Meine drei Jahre ältere Schwester, die leider schon verstorben ist, war immer für mich da, wenn ich mal Probleme hatte. Ich habe auf ihre Meinung sehr viel Wert gelegt, und wir waren sehr vertraut. Obwohl ich sehr viele Freundinnen habe, war sie meine ganz enge Freundin, der ich alles erzählen konnte. Meine

Schwester und ich, wir haben uns ergänzt und gegenseitig viel voneinander gelernt. Als unsere Kinder klein waren, haben wir uns oft getroffen und gemeinsam etwas unternommen. Das waren 57 gute Lebensjahre mit ihr, die ich in guter Erinnerung habe und nicht missen möchte.

Die Kinder meiner verstorbenen Schwester taten sich schwer, den Tod ihrer Mutter zu verkraften. Die Jungen hatten Probleme, ihre Selbständigkeit aufrecht zu erhalten. Nur einer von beiden schaffte es, während die Tochter auf eine Scheidung zusteuerte. Jürgen und ich taten alles, jedem Kind zu helfen. Wenn eine Mutter stirbt, haben selbst Kinder um die dreißig Jahre noch große Probleme.

Nach meiner eigenen Erfahrung und meiner Beobachtung innerhalb meiner großen Familie habe ich festgestellt, dass man als junger Mensch erst um die 40 oder etwas drüber im Leben richtig angekommen ist.
Auf jeden Fall haben wir versucht, für jeden das Beste zu tun und manchmal hat mein Jürgen gesagt: Ich glaube, wir haben 6 Kinder. Einer von den beiden selbständigen Jungs sagt heute, dass er es ohne uns nicht geschafft hätte. Er hat heute ein großes und gut gehendes Unternehmen.

Die Tochter meiner verstorbenen Schwester haben wir zu jedem Gerichtstermin begleitet, als sie geschieden wurde und auch bei ihren vielen Umzügen. Bei auftretenden Problemen haben wir ihr, so gut es ging, geholfen. Heute ist sie wieder glücklich verheiratet.

Meine Schwester hätte das auch für meine Kinder getan, wenn der umgekehrte Fall eingetreten wäre. Da bin ich mir sicher. Wir haben alles für alle Kinder mit Liebe getan und nichts davon bereut. Und so konnte kommen, was wollte, für unsere eigenen Kinder und besonders für die Enkelkinder waren wir immer da.

Unser Auto, der Kangoo, war so richtig praktisch für Kinderwagen und Rollstuhl. Für Jana habe ich mir sogar einen zweiten Kinderwagen gekauft, damit nicht so viel hin und her gepackt werden musste.

Meine Mutter, wenn sie versorgt war, konnte man zu der Zeit noch gut alleine lassen, und Brigitte war ja auch noch da, und so fuhr ich oft zum Bauernhof. Dort habe ich mit Jana lange Spaziergänge gemacht und mit ihr gespielt, bin auch mit ihr oft zum Schwimmen gegangen. Bei unseren Urlauben, besonders an der Nordsee, war sie immer dabei und da hatte ich immer ein bisschen Angst, wenn sie in den hohen Wellen ein bisschen zu waghalsig wurde.

Einmal hat Jürgen uns zum Hafen gebracht. Jana und ich wollten mit dem Schiff hinausfahren und die Robben besichtigen. Wir beide sind aber auf das falsche Schiff gestiegen. Keiner hat es gemerkt bei der Kartenkontrolle. Wir schon gar nicht. Wir haben uns nur gewundert, dass wir keine Robben sehen konnten.

Als uns die lange Reise merkwürdig erschien, fragten wir den Kapitän, warum die Reise so lange dauern würde. Er deckte den Irrtum auf und lachte. Wir aber nicht, denn Jürgen stand am Hafen und wartete auf uns. Es gab auch kein Zurück, das Schiff blieb bis zur Rückfahrt vor Juist stehen, und es gab keine andere Möglichkeit zum Ausgangshafen zu kommen. Wir konnten Jürgen auch nicht darüber informieren, dass wir statt 1,5 Stunden ganze 8 Stunden unterwegs wären. Wir waren schon in Not, aber niemand konnte uns helfen.

So entschlossen wir uns, das Beste aus dem Tag zu machen. Erst buchten wir eine Rundfahrt über die Insel mit einem Pferdefuhrwerk, dann gingen wir zum Strand, dann ein bisschen essen und anschließend shoppen, besonders für den Opa, sagte Jana, damit er nicht so schimpfen würde, wenn wir so spät zurückkommen würden.
Aber der Opa hat nicht geschimpft. Er war froh, dass wir am Abend zurück waren und dass nichts passiert war. Das Geschenk, das wir ihm mitgebracht hatten, war ihm gar nicht so wichtig. So war unsere Jana zumindest auch mal auf Juist.

Wir waren mit beiden Enkelkindern besonders gerne auf Mallorca und es war traumhaft schön. Manchmal haben wir die Blicke von anderen Urlaubern versucht zu deuten. Diese wussten nicht so recht, sind das jetzt die Eltern der Kinder oder die Großeltern. Heute heiraten und gebären viele später als früher…wenn überhaupt!?

Corinna hat immer sehr viel Arbeit auf dem Bauernhof. Zu der Anfangszeit wurde er noch mit Schweinemast und -zucht und Ackerbau bewirtschaftet. Sie war ihrem Mann von Anfang an eine große Stütze, nicht nur im Stall und Haus und Hof, auch die Buchführung verstand sie sofort.

Niemals hätte ich früher gedacht, dass sie einmal so stark werden würde. Früher hat sie sehr viel gelesen, war immer sehr ruhig und diplomatisch. Ebenso ist sie aber in der Lage, sich gut durchzusetzen. Das braucht sie in ihrem Beruf als Bankkauffrau und besonders jetzt, wo nach dem Umbau 40 Personen jeweils ein Pferd untergestellt haben. Sie managt ihr kleines Familienunternehmen und ihre Familie.

Wie es schon bei uns war, sind für Hermann und Corinna die Kinder immer heilig und stehen an der ersten Stelle.

Jürgen hatte von Anfang an eine gute Nebenbeschäftigung an der frischen Luft. Gleich zu Beginn seiner Arbeitslosigkeit nahm er sich vor, auf dem Hof zu helfen. Besonders pflegt er bis heute die Außenanlagen und es macht ihm Spaß. So waren und sind wir beide beschäftigt, deshalb nenne ich diesen Lebensabschnitt einfach einmal „Unruhestand".

Unser zweiter Hund, der Münsterländer, war 16 Jahre alt geworden und noch mit uns in das neue Haus eingezogen. Als er starb, war wieder die große Traurigkeit, die wir schon einmal durchlebt hatten. Obwohl wir uns vorgenommen hatten, keinen neuen Hund mehr anzuschaffen, hatten wir kurze Zeit später doch wieder einen, denn Cordula ließ sich nach 5 Jahren scheiden und während sie arbeiten ging, konnte ihr Boxer Clayton nicht alleine bleiben.

So hatten wir zum dritten Mal in unserem Leben einen Hund, der dann bis zu seinem Tod bei uns blieb und den wir wie alle anderen Hunde in unser Herz geschlossen hatten.

Die Pflege unserer Mutter wurde von Jahr zu Jahr intensiver, so dass ich seltener zum Bauernhof fuhr, aber die Enkelkinder so oft es ging zu uns holte und es begannen zu dieser Zeit meine schönsten Spaziergänge.

Wenn der Hund seine große Runde brauchte, habe ich meine Mutter in den Rollstuhl gepackt, den Hund an die Leine gemacht, rechts vom Rollstuhl ein Enkelkind und eins links und dann sind wir losgezogen, Waldwege oder Friedhof, da war gute Luft und die Kinder konnten gefahrenlos herumlaufen. Es war für jeden schön, und alle wollten immer mit.

Zu jedem Anlass habe ich meine Mutter mitgenommen, sie in den Rollstuhl gepackt, und so war sie zum Beispiel bei der Einschulung von Jana dabei und glücklich, am Leben teilhaben zu dürfen.

Die Direktorin der Schule bemerkte, dass wohl Mütter und Omas zur Einschulung kommen, aber die Uroma, und damit 4 Generationen, das hätte sie auch noch nicht gehabt.

Besonders in der Zeit, als der ursprüngliche Schweinebauernhof in einen Pferdehof umgewandelt wurde, hatte ich die Kinder häufig, wie vorher schon angedeutet.
Zu den beiden Pferden von unseren beiden Mädchen hatten sich weitere acht oder neun Mädchen hinzugesellt und Pferdeställe gemietet. So ein Hof muss rentabel sein, und wenn man den Unterschied errechnen konnte, was zehn Pferdeställe einbrachten gegen 800 Schweine, so war die Schweinezucht in dem damaligen Rahmen nicht mehr rentabel.

Nur in einem größeren Rahmen - etwa zehnmal so viel - lohnte sie sich.

Für mindestens 30 weitere Pferdeställe und eine Reithalle war eine etwa ähnlich hohe Investition erforderlich, wie den Hof auf große Schweinemast und Zucht umzustellen, so etwa auf acht bis zehntausend.

Corinna brauchte Überredungskünste, um Hermann zu überzeugen. Die Schweineställe wurden schließlich abgerissen und meterhohe Schuttberge entstanden. Große Pferdeställe nach Normmaßen wurden gebaut und eine große Reithalle. Die kleinen Enkelkinder hatten schon ihr Shetlandpony, welches Hermann und Corinna zur Hochzeit geschenkt bekommen hatten und nutzten es eifrig.

Beruflich legte Corinna nach der Geburt von Jana wieder eine längere Pause ein, ungefähr sechs Jahre, und ging danach für eine viertel Stelle wieder zur Bank.

Cordula war nach ihrer Scheidung in Jürgens Elternhaus in Westerholt eingezogen und musste sich neu orientieren, wobei wir ihr immer hilfreich zur Seite standen. Nicht nur damit, dass wir tagsüber ihren Hund hatten. Gut, dass sie ihre Arbeitsstelle hatte. In ihrer Freizeit hatte sie nicht nur ihr Pferd, sondern war auch anderweitig sportlich aktiv.

Zu ihren beiden Nichten und Patenkind Emma, auch zu deren Schwester Stella, hatte sie immer und hat sie heute noch eine liebevolle Bindung.

Zu ihrem Elternhaus kam Cordula oft, weil da ihr Hund war und ihr Fahrrad und weil es dort oft leckeres Essen gab. Bis Cordula zu ihrem späteren Ehemann Jörg zog, hat sie ihren Hund oft noch bei uns abgeholt so, dass wir entlastet waren.

Mein Schwiegervater war schon 1982 gestorben und wir luden 14-tägig meine Schwiegermutter ein, die zu ihrer Tochter gezogen war. Das war ungefähr zu der Zeit, als wir in unser Haus gezogen waren. Deshalb konnte Cordula in ihrer Wohnung wohnen.

Wenn Oma kam, war immer Königinnentag. Sie wurde mit leckerem Essen verwöhnt und fühlte sich wohl bei uns.
Manchmal haben wir sie auch mit in den Urlaub genommen.
Als die Mütter viel älter wurden, meine wurde 89, Jürgens Mutter 97, konnten sie nicht mehr mit uns in ein Ferienhaus fahren.

Von da ab haben wir noch öfter die Enkelkinder mit in den Urlaub genommen. Besonders gerne sind wir auch zu meinem Bruder gefahren, der in der Nähe des Bodensees wohnt, und einige Male haben wir sogar unseren Hund mitgenommen. Mein Bruder hat uns immer gerne aufgenommen und hatte die Ruhe weg bei all dem Trubel. Dann habe ich immer viel gekocht, mittags lud ich oft seine Kinder mit zum Essen ein. Es waren wunderschöne Zeiten dort, die ich nicht mehr missen möchte.

Einmal im Jahr sind Jürgen und ich auch allein gefahren, meistens nach Mallorca. In der Zeit wurde unsere Mutter von

Brigitte versorgt. Es ist ja praktisch, wenn man rechts und links jeweils eine Tochter wohnen hat. Wir haben unsere Urlaube und Termine miteinander abgesprochen, und es hat fast immer geklappt. Es ist deshalb gut, wenn man sich versteht und ergänzt.

Wenn wir beide Töchter mal was vorhatten, war uns unsere Freundin Maria, die früher mit Uschi im Melodika-Club war, immer eine große Hilfe für die Betreuung unserer Mutter. Sie hat später Jürgens Vetter geheiratet.
Unsere Mutter sollte es immer gut haben und sie hat es auch genossen, bei uns zu sein. Nur manchmal, wenn sie sehr viel Pflege brauchte, war es ihr ein bisschen peinlich, weil wir so viel Arbeit hatten.

Etwa drei Jahre vor ihrem Tod fing es an, dass sie nachts manchmal aus dem Bett fiel. Ihr gelang es sogar manchmal, über die von uns gebaute Barriere zu klettern und von da an begann ich, auch nachts zu ihr zu gehen, sie zudecken oder aufzuheben.

Dann musste ich aber nachts über die Straße, weil wir separate Eingänge zu zwei verschiedenen Straßen hin haben. Es ist ja ein Eckgrundstück.

Nachts war es oft gruselig, da fuhren oft Autos mit fremden Kennzeichen durch die Straße oder es liefen Prospektverteiler oder Zeitungsboten herum. Besonders die Autos mit den fremden Kennzeichen fuhren langsam durch die Straßen und die Fahrer schauten nach rechts und links. Da hatte ich auch manchmal Angst.

Wenn meine Mutter aus dem Bett gefallen war, ging Jürgen mit oder Brigitte kam, so dass wir sie gemeinsam aufheben konnten. Über meinen starken Pflegeeinsatz für meine Mutter hat sich Jürgen nie beschwert; er war auch immer gut zu ihr.

Etwa zu der Zeit, 3 bis 4 Jahre vor ihrem Tod, hatte sie noch eine große Operation. Es war Gebärmutterkrebs.

Meine Schwester und ich wurden von der Klinik angerufen, weil sie nach der OP in der Intensivstation lag und das Schlimmste befürchtet wurde.

So fanden wir sie vor. Wie Todesschweiß auf ihrem Körper. Aber trotzdem eiskalt und gräulich. Wir streichelten oder rieben ihren Körper und sprachen sie immer wieder an.

Auf einmal sagte sie, sie möchte einen Kaffee. Wir riefen den Arzt, der gar nicht glauben wollte, dass sie aufgewacht war. Natürlich konnte sie einen Kaffee haben. Wir hielten ihren Kopf hoch und sie trank kleine Schlückchen.

Der Arzt schaute sich das an und sprach sie an. Auf einmal war sie vollkommen klar und unterhielt sich mit dem Arzt. In 5 Wochen würde ihr Enkelkind in Süddeutschland heiraten und da wolle sie hin. Der Arzt traute seinen Ohren nicht, und wir putzten ihr den Schweiß ab und ließen sie in dem Glauben, obwohl alle drei zu diesem Zeitpunkt nicht daran glauben konnten, dass es sich bewahrheitet oder möglich wäre.

Meine Mutter erholte sich zusehends und behielt immer ihr Ziel im Auge. Wir haben sie mitnehmen können auf ihre letzte große Reise, und sie hat es tatsächlich problemlos geschafft.

Als wir zurückkamen, bin ich mit den schicken Fotos ins Krankenhaus marschiert und habe sie den Ärzten bei der Chefvisite gezeigt. Sie freuten sich über meinen Besuch und einer hatte sogar Tränen in den Augen.

Wir hatten eine Chemotherapie abgelehnt und sie erlebte noch einen wunderschönen Sommer.

Als kurze Zeit später Karzinome im Darm festgestellt wurden, haben wir eine weitere OP abgelehnt. Der Arzt sagte zu uns, dass er das bei seiner Mutter auch nicht mehr machen lassen würde. Ihre Pflege wurde von da an noch intensiver. Eigentlich war sie bis zum Schluss immer klar im Kopf.

Aber nach einer Narkose sagte sie zu mir, sie hätte mich schon einige Tage beobachtet und sie hätte festgestellt, dass ich die liebste Krankenschwester im ganzen Krankenhaus sei. Nach einer Narkose kann man das verstehen. Ansonsten hat sie uns alle immer erkannt, obwohl sie zu 90 % sehbehindert war.

Eines Tages kam ihre alte Schwester zum Krankenbesuch, zusammen mit ihrer Tochter. Meine Mutter lag im Bett, meine Tante saß im Rollstuhl neben ihr, und zwar in der Nähe des Nachtschränkchens. Nach einiger Zeit wollte sich meine Cousine eine Zigarette rauchen und fragte, ob ich mit ihr in die Raucherecke gehen würde. Ich zweifelte noch, ob wir die beiden Alten alleine lassen könnten, ging aber mit.

Als wir ins Krankenzimmer zurückkamen, schien zunächst alles in Ordnung zu sein. Meine Cousine verabschiedete sich nach einiger Zeit des Besuches und schob ihre Mutter Richtung

Fahrstuhl. Meine Cousine hatte es nicht so leicht mit ihrer Mutter, denn diese war manchmal bösartig und schlug ihr eigenes Kind. Meine beiden Cousinen starben vor ihrer Mutter. Beide hatten Krebs.

Ich war jetzt mit meiner Mutter allein im Zimmer. Ich schaute in die Tablettendose und sah, dass nicht eine einzige Tablette mehr darin war, aber vorher waren es ganz viele.

Meine Mutter konnte sie nicht genommen haben, denn sie konnte ihren Kopf nicht mehr aufrichten. Meine Tante hatte also alle Tabletten geschluckt. Ich rannte in Richtung Fahrstuhl meiner Cousine hinterher und klärte sie über den Vorfall auf. Bei der Krankenschwester bestellte ich neue Tabletten für meine Mutter.

So einen Fall hätten sie noch nicht gehabt, sagte die Schwester. Meine Tante hatte aber wohl alles gut verkraftet und hatte, nach Aussage meiner Cousine, nur ein bisschen Durchfall.

Eines Tages, als meine Mutter nur noch im Bett lag, sagte mein Jürgen, dass er das Schlafzimmer räumen würde und ich könnte mit meiner Mutter darin schlafen. Zu der Zeit brauchte sie nachts Aufsicht und Pflege. Jürgen hat zwei Jahre lang im Kinderzimmer geschlafen!

Für mich war es leichter, denn ich hatte meine Mutter in meiner Nähe und brauchte nachts nicht mehr auf die Straße.
Von da ab hatte sie auch Pflegestufe drei, und wir bestellten zusätzlich den Pflegedienst. Das war für uns körperlich leichter

zu schaffen mit der Pflege, aber man musste immer bereit stehen für das Personal. Und manchmal war das Pflegepersonal gerade weg, und man musste wieder die Windeln wechseln.

Froh bin ich aber heute noch, dass ich auf Anraten von Brigitte bei meiner Mutter keinen Blasenkatheder zugelassen habe. Ich habe bei meiner letzten großen Operation einen gehabt und hatte in der Zeit sehr oft eine Blasenentzündung.

Meine Mutter war eine friedliche Pflegeperson, stellte keine Ansprüche und war mit allem zufrieden, was wir mit ihr machten. Sie freute sich über jeden, der zu Besuch kam und wollte immer wissen, ob es allen Kindern und Enkelkindern gut ging. Zu jedem Scherz war sie immer gut aufgelegt.

Als meine Mutter noch in den Rollstuhl gepackt werden konnte, haben wir sie zu jeder Familienfeier mitgenommen. Aber die letzten zwei Jahre waren wir froh, dass wir sie zum Waschen und Essen noch auf die Bettkante oder mal kurz auf den Toilettenstuhl setzen konnten. Ansonsten hat sie nur gelegen, aber alleine war sie nie. Alle kamen zu uns und Oma hat das auch genossen, der liebe Mittelpunkt zu sein. Wir haben zu dieser Zeit nicht nur alle unsere Geburtstage bei uns gefeiert, sondern auch zwei Hochzeiten der Kinder meiner verstorbenen Schwester.

Bei meinem Neffen war es eher eine Überraschungsfeier an Omas Geburtstag. Am Abend davor, so kurz vor Weihnachten, war alles schon in der Wohnung geschmückt zu Omas Geburtstag, zu dem immer noch viele Leute kamen. Tische und Stühle standen bereit und leckere Speisen waren vorbereitet.

Da kam mein Neffe zu uns und fragte, ob er noch einen Tisch bringen solle. Ich verneinte, doch er überzeugte mich, noch einen, also den fünften Tisch aufzustellen, weil er am nächsten Tag heiraten würde und nach der standesamtlichen Trauung mit seinen Gästen essen gehen würde. Danach aber wohl noch mit seiner Familie und der Familie seiner Frau kommen möchte.

Brigitte backte noch schnell eine dreistöckige Hochzeitstorte und ich bereitete mich auf ein paar Gäste mehr vor. „Ein paar" - betone ich. Wir saßen am nächsten Tag mit Omas Geburtstagsgästen noch zusammen, als plötzlich unser einladendes Gartentor aufging: Das Hochzeitspaar, die Eltern und Kinder und alle Firmenangehörigen mit Partnern kamen in unser Wohnzimmer marschiert.

Wir freuten uns, dass alle Platz fanden. Brigitte stellte ihre wunderschöne dreistöckige Hochzeitstorte auf den Tisch, ich bestellte schnell noch ein paar Hähnchen für abends nach und der Vater der Braut holte nach dem Kaffeetrinken sein Akkordeon heraus und machte Musik.

Mein Neffe holte auch mich nach dem Schneewalzer zum Tanzen und sagte mir, dass man so etwas nur mit mir machen könne. Aber es gehört ja auch mein Mann dazu und so hat er immer mitgemacht in Sachen Familie, obwohl er selbst so etwas von zu Hause nicht kannte.
Es ist ja auch eher selten, aber es hat Spaß gemacht, so dass Oma immer sagte, sie wolle doch bei uns bleiben. Dass sie sterben wolle, das hat sie nie gesagt.

Mein Neffe hatte mich ein paar Mal in meinem Leben lustig überrascht. Einmal, als er noch selbst zur Schule ging, hat er am Telefon einen Türkenjungen gespielt, der von mir Nachhilfestunden haben wollte. Als er merkte, dass ich es damit ernst meinte - ich habe ja ein Helfersyndrom und gab zu der Zeit mehreren Kindern Nachhilfe für den Schulunterricht - hat er aber das Missverständnis aufgeklärt und sich fast totgelacht.

Ein anderes Mal hat er abends um 22:30 Uhr bei mir angeklingelt. Es wäre ganz wichtig, und er brauchte mich, denn er hätte eine Erfindung gemacht und ich möchte doch seine Testperson sein. Er hatte auf Regen und die Dunkelheit gewartet, um das Geheimnisvolle ausprobieren zu können. Obwohl ich morgens sehr früh wieder ins Büro musste, habe ich mitgemacht. Er hatte einen Rollstuhl mit Regendach entwickelt und hat mich nachts über die Straßen geschoben.

Für sein Modell wollte er ein Patent anmelden. Es gab dafür aber zu viele Sicherheitsbestimmungen, so dass er später sein Vorhaben aufgab. Nach einer längeren Phase des Existenzkampfes hat er heute ein großes, gut florierendes Unternehmen.

Während der Zeit, als meine Mutter noch bettlägerig war, haben wir noch eine zweite Hochzeit gefeiert, und zwar noch größer als die erste, nämlich für die Tochter meiner verstorbenen Schwester.

Die Wohnung und unsere Terrassen waren ein einziger Festsaal und super dekoriert. Bestimmt 60 Gäste kamen und es wurde ein wunderschönes Fest. Jeder ging an Omas Bett und begrüßte sie, und sie fühlte sich mittendrin, wusste aber genau, was sich bei uns abspielte. Als meine Nichte, die Braut, zur Oma ans Bett kam, sagte diese zu ihrem Enkelkind, dass sie leider ihr schönes Kleid nicht mehr sehen könne. Sie war da schon blind. Glücklich und stolz war sie aber trotzdem und sie nahm sich vor, noch lange bei uns zu bleiben.

Aber für immer ging es nicht, denn meine Kraft war auch ziemlich am Ende, aber ich ließ sie es nicht spüren. Meine Hüften und mein Rücken machten einfach nicht mehr mit.

Aber ihre Sterbephase dauerte sehr lange, sodass meine Cordula in ihrem Büro schon gefragt wurde, wie lange denn ihre Oma sterben würde. Ich glaube, dass ihr Lebenswille und der Herzschrittmacher ihr Leben verlängert haben. Aber mit ihren Gedanken und Worten war sie noch bei allem was sie mir sagen wollte und noch konnte.

Es lag ihr am Herzen, mich über ihre vielen Fehlgeburten aufzuklären.

Die Menschen, die ihr dabei geholfen hatten und die sie in früheren Zeiten damit belastet hätte, waren schon gestorben. Als erstes war ihre Hebamme gestorben, die mit verschiedenen Methoden mehrere Schwangerschaftsabbrüche bei ihr ausgeführt hatte. Ich will nicht die Zahl nennen. Solche Frauen wurden damals als Engelsmacherinnen bezeichnet und standen immer mit einem Bein im Zuchthaus oder Gefängnis.

Ebenso die Ärzte, die davon wussten oder es selbst gemacht hatten. Vor allen Dingen mussten sie dann oft anschließend die

Abrasio (Ausschabung) machen. Einmal war ich bei so einem Gespräch dabei und beide, meine Mutter und der Arzt, glaubten, ich würde das nicht verstehen.

Heute weiß ich erst richtig, worum es ging. Sie selbst durfte schon gar nicht darüber reden, denn besonders sie hätte sich strafbar gemacht und wäre mit Zuchthaus oder Gefängnis bestraft worden. Heute gibt es ja kein Zuchthaus mehr und die Sache war längst verjährt, aber ihr war es sicher unwahrscheinlich peinlich.

Die Bestimmungen des Paragrafen 218 wurden ein paarmal geändert. Einen Aufschrei im Land gab es aber, als sich viele prominente Frauen auf der Titelseite des „Stern" ablichten ließen, weil sie sich öffentlich dazu bekannten, abgetrieben zu haben.

Einige Zeit danach gab es eine Gesetzesänderung, dass Schwangerschaftsabbruch unter bestimmten Voraussetzungen nicht mehr strafbar sei. Möglich ist es nur in den ersten Schwangerschaftswochen und mit ärztlicher Absprache.
Zur Zeit des Krieges und danach war bei vielen Frauen große Angst im Spiel. Ich schäme mich nicht für meine Mutter. Ihr Leben war hart genug und außerdem hat meine streng katholische Schwiegermutter das auch getan und viele andere Frauen in ihrer Not.

Meine Schwiegermutter hat es mir nicht selbst erzählt. Sie hätte es nie getan, sondern es war Jürgens Oma. Anfang 1960 war die

Pille auf dem Markt und hat das Problem vieler Frauen, die ungewollt schwanger werden, eingeschränkt.

Das zweite Familiengeheimnis hat meine Mutter mir verraten, als sie gerade noch sprechen konnte.
Aber sie wollte auch das von ihrem Herzen haben, denn sie hatte es über 50 Jahre mit sich herumgetragen.

Ihr Vater, den sie sehr liebte, hatte Selbstmord begangen.

Da gab es früher auch Strafen, und es war eine Schande und eine Sünde. Mein Opa war Holzmeister. Er bildete auf der Zeche unter anderem Lehrlinge aus. Er war einer Sache beschuldigt worden, die er nicht begangen hatte. Meine Mutter war nach seinem Tod bis zum Bergassessor gegangen und hat darauf bestanden, dass die Sache aufgeklärt wird. Der eigentliche Täter wurde schließlich ermittelt und meine Oma bekam nach einigen Wirren die ihr zustehende Rente. Nur mein Opa wurde nicht mehr lebendig.

Deshalb hat meine Mutter immer wieder zu uns gesagt, wir sollten kein Problem mit uns herumtragen und über alles sprechen und des Öfteren sagte sie, dass man das Leben nur einmal geschenkt bekommen hätte.

An dem Abend, als sie starb, war die ganze Familie versammelt. Die Kinder und Enkelkinder fuhren alle gegen 22 Uhr nach Hause, weil sie am nächsten Tag arbeiten mussten und Oma spürte sicher, dass alle da waren und konnte einfach nicht von uns gehen. Meine Schwester Brigitte und ich, wir gingen zusammen ins Schlafzimmer und standen rechts und links vom Bett und hielten jede eine Hand.

Sie hatte schon die Schnappatmung. Wir redeten mit ihr und glaubten, dass sie es noch verstehen würde. Plötzlich machte sie ihren letzten Atemzug. Alle kamen noch einmal zurück und blieben, bis Oma aus dem Haus getragen wurde. 2009 starb meine Mutter am Geburtstag meines Bruders, dem 22. Juni. Es war eine große Beerdigung mit einer berührenden Trauerfeier in der Kirche und einer großen Abschiedsfeier. Besondere Mühe gaben wir uns mit ihrer Todesanzeige.

Ihre Liebe wird in uns weiterleben!

Eigentlich habe ich jetzt meine Lebensaufgabe erfüllt. Alle Lieben, die leben und zu meiner kleinen und großen Familie gehören, stehen auf eigenen Beinen. Unser Haus, welches ich eigentlich nur wegen meiner Mutter gebaut habe, ist schön und praktisch, wir fühlen uns hier sehr wohl. Es ist hier schöner als überall auf der Welt und fürs Alter genau richtig. Ich habe die Idee, zu bauen, nicht bereut und jede Stunde gern meine Mutter gepflegt. Eigentlich bin ich jetzt dran.

Wir hätten zu der Zeit auch alles anders machen können. Unsere Eigentumswohnung war so gut wie bezahlt, man wohnte dort schön und wir hätten uns für unsere Abfindung noch ein Haus oder eine Eigentumswohnung auf Mallorca kaufen können, und die Kinder und Enkel hätten uns manchmal besuchen können, oder wir hätten mal hier und mal dort wohnen können. Aber

wenn man so ein Familienmensch ist wie ich oder wir beide, dann haben wir alles richtiggemacht.
Wir haben unsere Enkelkinder aufwachsen sehen und durften dabei helfen.

Wir haben den jungen Leuten beistehen können, Kindern, Nichten und Neffen, bis sie sich selbst gefestigt hatten. Ob wir immer den richtigen Rat gegeben haben, das wissen wir nicht. Aber wir haben es mit allen gut gemeint und uns um sie bemüht. Wir haben unsere Verstorbenen bis zum Tod begleitet, so gut es ging und unsere Kraft es zuließ. Wir sind für alles dankbar, und es war aus unserer Sicht der richtige Weg.
Wir konnten dabei sein, wenn es gut oder traurig war, denn wir sind ja auch neugierig, besonders ich. So eine große Familie ist schön, und man kann sich gegenseitig helfen und versuchen, Probleme zu bewältigen. Man muss natürlich bei so vielen verschiedenen Menschen häufiger Probleme wälzen, als wenn man nur zu zweit oder dritt ist. Aber keinen von meinen Lieben möchte ich missen, und wenn man versucht, gemeinsam nach Lösungen zu suchen, ist alles gut.

Kapitel 5

Wenn ich auch schon die zwei Familiengeheimnisse ausgeplaudert habe, so gehen die nächsten vier Jahre mit persönlichen Katastrophen aber auch guten Ereignissen dazwischen weiter und besonders am Ende, aber auch zwischendurch, gibt es wieder Highlights, welche alles bestätigen, was Leben ist und alles Erlebte aufwerten und mein Leben krönen, so wie an meinem 70. Geburtstag.

Zuerst, nach dem Tod meiner Mutter, mussten aber meine großen Schmerzen bewältigt werden. Ein Hexenschuss oder eine Nervenentzündung quälten mich fürchterlich. Außerdem konnte ich vor lauter Hüftschmerzen manchmal nicht einmal Gas geben im Auto. In der Küche fuhr ich mit dem Bürostuhl durch die Gegend.

Eine Untersuchung ergab, dass eine Hüfte dringend operiert werden müsste. Aber erst sollte ich zur Schmerztherapie ins Krankenhaus wegen des Rückens. Doch die Spritzen in den Spinalkanal konnte ich nicht gut vertragen und bekam starke Kopfschmerzen. Ich beschloss dann, mich zu Hause weiter zu erholen und wir fuhren mal wieder nach Mallorca und die Schmerzen waren und wurden erträglicher.

Im Februar 2011 ließ ich meine erste, die linke Hüfte operieren. Schon kurz nach der OP luxierte (Kugel springt aus der Pfanne) diese dreimal. Was das an Schmerzen und Katastrophen verursacht, da ist eine OP ein Kinderspiel. Ich wurde erneut operiert. Kein Arzt erzählte mir richtig, was alles gemacht wurde. Man stellte mir sofort nach der zweiten OP einen Rollator ans Bett, ohne den heute nichts mehr geht.

Was hier in wenigen Sätzen erklärt wird, darauf kommen wir noch einmal zurück, denn es muss da schon etwas passiert sein. Aber ich ahnte nichts Schlimmes, denn ich war erst einmal froh, dass ich zwei Operationen und 3 Luxationen überlebt hatte.

Was ich erlebte - zunächst - das war ein Krankenhausaufenthalt mit anschließender Reha von zehn Wochen. Besonders schrecklich war die Nacht nach der zweiten Operation, denn kein noch so starkes Mittel konnte meine Schmerzen bewältigen. Ahnungslos, nicht wissend, was mit mir alles gemacht worden war, versuchte ich nach der Reha mich wiederaufzubauen.

Trotzdem habe ich mich 2012 getraut, die nächste OP, also die der rechten Hüfte, vornehmen zu lassen, wegen der Schmerzen.

Dieser Eingriff hatte zunächst gut geklappt. Aber auch diese Seite fing nach gut einem Jahr auch an herauszuspringen, ebenfalls dreimal. Wobei ich bei der zweiten Hüfte sagen muss, dass der Grund dafür gewesen sein kann, dass ich einmal hingefallen war. Auch auf dieser Seite musste dann neu operiert werden.

Die dritte Luxation ereignete sich in Baden-Württemberg, als wir zu einer Familienfeier meinen Bruder besuchten. Also wurde ich in Biberach operiert. Zum Glück im Unglück war in demselben Krankenhaus meine Nichte Daniela beschäftigt.

Weit weg von Jürgen und den Kindern war ich während der sechs Wochen Krankenhaus und Reha. Es war trotzdem eine harte Zeit, denn ich wurde erst zwölf Tage in Gips gelegt. Dann die erste Nacht nach der Operation in der Intensivstation. Diese Nacht war nur grenzwertig auszuhalten. Die Pflege-Reha, die erforderlich war, weil ich kaum noch etwas alleine konnte, wie zum Beispiel das Anziehen und die Körperpflege, verbrachte ich in einem schicken Kurhaus in Bad Buchau.

Dieses ist die einzige Geschichte, die sich nach meinem 70. Geburtstag ereignete und besonders erwähnenswert ist. Das Buch will ich trotzdem mit dem 70. schließen, weil der Tag so wichtig war für mein Leben und weil alles, was danach folgt, ich trage und das Beste daraus mache. Zum Beispiel dieses Buch zu schreiben, weil es mir sehr wichtig ist.

Alles kann man über sich ergehen lassen und aushalten, aber die Ängste, dass so etwas wie das Luxieren noch einmal passieren könnte, diese Ängste werden noch lange in mir sein. In den letzten vier Jahren ist in der Beziehung viel mit mir passiert.

Von 2011-2015 hatte ich vier OPs und jede Hüfte luxierte dreimal. Das machte einen Gesamtkrankenhaus- und Kuraufenthalt von fast einem halben Jahr aus. Um verstehen zu können, was eine Luxation ist, will ich von jeder Hüfte nur eine beschreiben.

2011, also nach der ersten linken OP, hatte ich schon zwei Luxationen hinter mir, als ich in die Reha kam. Besonders die zweite war schon grausam, aber die dritte, die hatte es in sich. Deshalb will ich davon berichten.

Schon als ich in der Rehaklinik angekommen war und mit meinen Röntgenbildern beim Arzt vorstellig wurde, rief dieser sofort den Chefarzt an. Der schaute sich das Bild an, dann entschuldigten sich die beiden und blieben zu einem Gespräch etwa 10 Minuten auf dem Flur.

In meiner Ahnungslosigkeit habe ich mir noch nichts Schlimmes gedacht. Als der Stationsarzt zurückkam, fragte ich, warum sie sich nicht bei mir im Raum unterhalten hätten. Der Arzt antwortete, er könne sich doch wohl mit dem Chefarzt auf dem Flur unterhalten.

An dem ersten Samstagabend dort, ich hatte im Bett im RehaZimmer ferngesehen und wollte gegen 22:00 Uhr das Licht ausschalten, blieb ich auf dem Rücken liegen und führte meine rechte Hand über meinen Körper nach links, um den Lichtschalter zu betätigen. Ich spürte einen Klick in meiner linken, frisch operierten Hüfte und wusste sofort, was wieder geschehen war.
Zum Glück hatte ich mir den Notrufschalter auf den Bauch gelegt und konnte ihn betätigen. Ich blieb liegen, ohne mich zu bewegen, weil das höllisch weh tut. Ich hatte das ja vorher schon zweimal mitgemacht.

Es kam eine Schwester, die holte dann Verstärkung und man brachte mich zum Röntgen. Die kleinste Bewegung ist schon die Hölle. Ich habe gehört, dass sich da 1,5 Kilo bewegen, also ist diese künstliche Hüfte schwerer als ein normaler Knochen und alles liegt quer.

Das Röntgen klappte noch, tat aber auch sehr weh. Dann ließ man mich auf der Pritsche liegen. Sehr lange und immer wieder kippte mein Fuß zur Seite. Der Schmerz war kaum auszuhalten.

Ich rief um Hilfe, man möge mir das Bein ein bisschen abstützen, aber man fand nichts, außer einem starken Schmerzmittel, das nichts nützte. Es wurde mir gesagt, dass es noch dauern könnte. Der einzige Anästhesist im Hause wäre bei einer Notfall-Operation.

So lag ich stundenlang auf der harten Pritsche. Einmal kam zwischendurch ein Arzt, der versuchte, mit einem Pfleger ohne Narkose die Hüfte einzurenken. Das geschah so, dass mir ein Betttuch zwischen die Beine gespannt wurde und der Pfleger musste nahe an meinem Kopf beide Enden des Betttuches festhalten und dann zog er feste daran. Während der Arzt an der anderen Seite versuchte, mir das Bein einzurenken. Ich schrie vor Schmerzen, und sie gaben nach einiger Zeit auf.
Bis etwa 3:00 Uhr in der Nacht lag ich dort, bis endlich der Anästhesist kam. Ich bekam eine Narkose, und mein Bein wurde eingerenkt.

Als ich wach wurde, merkte ich, dass mein Bein zwar eingerenkt war, aber es hatte keinen festen Halt mehr in der Hüftpfanne. Ich bat daher den Arzt, mich erneut zu operieren, denn ich wusste, ich könnte noch nicht mal mehr zur Toilette gehen.

Der Arzt verneinte und sagte, ich käme wieder auf mein Zimmer und die, die die „Scheiße" gemacht hätten, sollten Sie auch selbst wieder in Ordnung bringen.

Dann wurde ich wieder in mein Zimmer geschoben und ich musste den Rest der Nacht bis zum nächsten Morgen ungefähr 8:00 Uhr oder 9:00 Uhr auf dieser harten Tragbahre liegen bleiben.

Man hatte mich einfach neben mein Bett geschoben und gesagt, es wäre kein Personal da, mich ins Bett zu packen. So lag ich insgesamt mindestens 11 Stunden auf dieser harten und schmalen Pritsche und dachte, mein Rücken würde es nicht überleben.

Als ich am Sonntagmorgen ins Bett gepackt wurde, rief ich mit meinem Handy die Kinder an. Vorher konnte ich weder an mein Handy noch hatte etwas zu trinken. Ich war mutterseelenallein mit meiner Machtlosigkeit. Ich glaube, meine Kinder haben mich zum ersten Mal in meinem Leben so hilflos vorgefunden und total verzweifelt. Am Sonntag und in der Nacht darauf standen mir die Kinder und Nichten zur Seite, jeweils abwechselnd.

Am Montagmorgen führte Corinna ein Gespräch mit dem Chefarzt und hat dafür gesorgt, dass ich mit dem Krankenwagen nach Marl gefahren wurde und sie hatte auch darum gebeten, dass beide Chefärzte ein Gespräch führen sollten.

Das haben sie getan und ich wurde zum zweiten Mal operiert. Die Katastrophe, die dabei passierte, hat mein Leben verändert, weil ich von da an gehbehindert bin.

Die Pfanne musste wieder raus, der Beckenknochen weiter aufgemeißelt werden und die neue Pfanne ein Stückchen weiter nach innen gesetzt werden. Da blieb eine Lücke, die mit Zement gefüllt wurde.

Dann soll noch der Muskel getrennt worden sein, der den Oberschenkel mit dem Po verbindet, so dass ich bis heute und immer in meinem Leben mit dem Bein hinken werde und mein Bein nach einigen Schritten ständig weh tut.

Was dort passiert ist, haben mir nicht die Ärzte verraten, sondern ein Therapeut hat es mir so erzählt. Mit dem Schicksal muss ich wohl leben. Aber zu der Nacht, als mir in der Reha die Hüfte eingerenkt wurde, habe ich einen Brief an die Klinikleitung geschrieben und mich darüber beschwert.

Die erste Luxation der rechten Hüfte passierte einen Tag vor Muttertag im Jahre 2014. Ich hatte schon wieder gelernt, kleine Wege mit dem Fahrrad zu fahren. Mein Fahrrad hatte einen tiefen Einstieg. Es sollte aber an diesem 10. Mai meine letzte Radtour im Leben gewesen sein.

Von uns bis zum Friedhof, das sind etwa 1,5 km, die habe ich noch geschafft. Morgens hatte ich mit Jürgen noch unser Haus in Ordnung gebracht und auch der Friedhof sollte zum Muttertag schön sein.

Es war nicht viel zu tun. Es war sehr kalt und es regnete. Als ich am Grab meiner Schwester war, versuchte ich, eine Kerze von links nach rechts zu stellen. Ich hielt mich mit einer Hand am Grabstein fest und bückte mich ein bisschen. Ein fürchterliches Knacken und ein wahnsinniger Schmerz gingen durch meinen Körper und ich war in meiner Haltung wie erstarrt, ja, wie gelähmt.

Ich schrie laut auf und danach war es mir nicht einmal möglich, mein Handy aus der Jackentasche zu holen, um Hilfe zu rufen. Sehr lange verharrte ich so und rief jämmerlich um Hilfe. Plötzlich kam ein Mann mit russischem Akzent. Er packte mich unter meine Arme und wollte mich hochreißen. Ich muss wohl fürchterlich laut geschrien haben, denn er ergriff sofort die Flucht, und ich war wieder alleine.

Kaum ein Mensch war auf dem Friedhof, und ich konnte auch nur in eine Richtung gucken, habe aber so laut es ging immer wieder um Hilfe gerufen.

Nach langer Zeit, etwa gegen Mittag, kam ein Ehepaar mit Hund auf mich zu. Ich konnte nicht einmal den Kopf aufrichten um zu sehen, wie die Leute aussahen. Die Frau sagte, sie würde mich kennen, weil sie in einem Textilgeschäft arbeiten würde, in dem ich manchmal einkaufen würde. Sie fragte mich, wie sie mir am besten helfen könne und ich bat sie, mich einfach nur im Rücken abzustützen.

Der Mann rief sofort einen Krankenwagen an. In der Wartezeit fragte ich die Frau nach ihrem Namen, den aber wollten sie mir nicht geben, weil es für sie eine Selbstverständlichkeit wäre, mir zu helfen. Sie wusste wohl genau, warum ich nach dem Namen gefragt hatte, und ich weiß bis heute nicht, wer diese Leute waren. Aber ich bin Ihnen sehr dankbar.

Besser wäre es noch gewesen, man hätte zusätzlich einen Notarzt bestellt, aber denken konnte ich schon gar nicht mehr, denn der Schmerz hat mich fast ohnmächtig gemacht.

Die Sanitäter kamen mit der Trage und versuchten, mich darauf zu legen, aber es gelang nicht. Die kleinste körperliche Bewegung ist nicht auszuhalten, und der Körper ist in Schockstarre. Die ganze Aktion verlief so, dass die Sanitäter über eine halbe Stunde gebraucht haben, bis ich endlich lag.

Dann wurde ich über die holprigen Friedhofswege zum Krankenwagen geschoben. Jede kleine Erschütterung, auch später im Krankenwagen, war Mord. Erst die Narkosespritze im Krankenhaus hat mich von den fürchterlichen Schmerzen erlöst.

Wenn man aus der Narkose erwacht ist, und in diesem Fall konnte ich wieder auf meinen Beinen stehen, dann weiß man erst, wie wertvoll es ist, dass immer alles im Körper wie selbstverständlich funktioniert.

Aber es blieb die Angst vor einer neuen Luxation, die dann im Mai 2015 passierte. Genau ein Jahr später in Süddeutschland, wo ich auch operiert worden bin.

Aus der Erfahrung heraus wurde gleich der Notarzt mitbestellt, so dass nur das, was danach kam, zu überwinden war. Also die zweite Operation der zweiten Hüfte in Biberach.

Jetzt ist der Stand so, dass ich an jeder Seite zweimal operiert bin und jede Seite ist dreimal luxiert. Doch jetzt habe ich an der linken, komplizierteren Seite, bei der vor 4 Jahren ein Missgeschick passiert ist, schon wieder ein Problem, was mich jedoch nicht daran hindern darf, mich auf jeden Tag zu freuen, an dem ich noch ein bisschen laufen kann.

Hoffentlich wird auch das Problem noch gelöst. Da soll sich jetzt Flüssigkeit angesammelt haben. Aber die rechte Seite, die im vergangenen Jahr in Biberach operiert wurde, fühlt sich im Moment gut an.

Trotz allem versinke ich jetzt nicht in Selbstmitleid, sondern schreibe mir einfach den Kummer von meiner Seele.

Hoffentlich gerate ich jetzt in gute Hände und mein Körper macht wieder mit. Ich darf die Hoffnung nicht verlieren, dass es vielleicht noch einmal ein bisschen besser wird.

Aber zwischen den Operationen und Luxationen haben wir trotzdem Urlaub gemacht und besonders schön meinen 70. Geburtstag gefeiert. Man muss ja aus jedem Tag, der einem die Möglichkeit gibt, etwas Gutes und Schönes machen. Ich erzähle später von meinem wunderschönen Geburtstag, denn davor ist noch einiges passiert.

Vorher hatte beispielsweise Jürgen noch sein Elternhaus überschrieben bekommen. Es war immer sein Wunsch. Manchmal litt er auch ein bisschen, denn er fühlte sich von seiner Mutter oft ungeliebt und benachteiligt. Dieses Haus wollte er auf keinen Fall verkaufen, denn wir hatten ja damals vor fast 50 Jahren sehr viel Geld und Kraft investiert. Da wir aber aus eigenem Wunsch ausgezogen waren, hatten wir nichts von dieser Investition.

Die Schwiegermutter hatte noch ein sehr großes, kostbares Baugrundstück aus ihrem Erbe und sehr viel Geld gespart, aber das war alles an Jürgens Schwester beziehungsweise deren Tochter vererbt worden. Die Mutter stand dort ein bisschen unter Druck.

Wir haben uns auch über dieses kleinere Erbe, im Gegensatz zu der anderen viel größeren Sache für ihre Tochter, gefreut und das Beste daraus gemacht.

Die Schenkung erfolgte direkt nach der zweiten Operation und als ich nach zehn Wochen wieder nach Hause kam, war ich noch sehr schwach, konnte nur noch mit dem Rollator laufen und mich kaum anziehen. Trotzdem beschlossen wir, den Umbau für das Haus zu planen.

Doch Ende Juni gab es dann noch ein doppeltes Geburtstagsfest in Süddeutschland von meinem Bruder und seiner Heidrun. Sie feierten den 65. und 55. Geburtstag. Ich schaffte die große Herausforderung trotz meiner körperlichen Schwäche mit Hilfe meiner großen Familie. Die Freude überwog, und wir feierten in einem schicken Hotel nahe Heidruns Wohnort. Dort lernten wir dann auch Heidruns Familie kennen.

Als wir von dieser großen Reise zurückkamen, ging es mit der Westerholter Baustelle richtig los. Unser Leben war oft Party und sehr oft auch Baustelle. Wegen meiner Gehbehinderung war ich dort für die Planung und Koordination der Handwerker zuständig. Aber es war sehr viel Geld zu investieren, weil Jürgens Elternhaus mehr als abgewohnt war. Das Dach wurde erneuert, isoliert wurde das Haus von oben bis unten und auch schön verklinkert. Der Garten wurde neugestaltet, der Hof gepflastert, innen wurde alles saniert, von den Leitungen bis zu den Bädern, Fußböden erneuert, nichts war vor dem Renovieren so, als dass man es hätte bewohnen können.

Es war schon eine Hilfe, dass der Teil des Hauses, den Cordula vorübergehend bewohnt hatte, aufwendig von innen von ihr renoviert worden war. Aber selbst da tropfte in der Küche das Wasser von der Decke und diese musste abgerissen und erneuert werden, einschließlich der Leitungen, die darüber lagen.

Zur Erinnerung: 92/93 hatten wir den Wasserschaden im Hügelhaushaus, 97 haben wir angefangen mit über 50 Jahren das neue große Doppelprojekt, nämlich mein Elternhaus zu renovieren und unser Haus zu bauen. Vorher haben wir bei Corinnas Baustelle geholfen. Eigentlich hätten wir so kurz vor den 70ern ein bisschen Ruhe nötig gehabt, aber man kann doch nicht ein Haus, an dem Jürgens Herz hängt und auch das unserer Kinder, nicht einfach für ein paar Mark verkaufen.

Also überlegten wir nicht lange, denn wir haben ja auch Kinder und Enkelkinder. Aber als Rentner so ein körperlich hartes und finanziell großes Projekt anzugehen, ist schon eine

Herausforderung, der man trotz oder gerade wegen gesundheitlicher Probleme gewachsen sein muss. Wir als Familie sind gemeinsam stark und schaffen solche Herausforderungen durch gegenseitiges Helfen, wir hatten aber auch viele Firmen beschäftigt.

Manchmal stellte man sich schon die Frage, ob dieser Einsatz richtig ist. Aber wenn man nach etwa zehn Monaten das Ergebnis sieht und sich so darüber freuen kann wie wir, dann hat es sich für uns und unsere Nachkommen gelohnt. Auch häufige Baustellen können glücklich machen, wenn man alles gut bewältigen konnte. Durch die vielen Baustellen in unserem Leben hatten wir uns ein bisschen Routine erarbeitet. Cordula war schon vor Baubeginn zu ihrem Freund Jörg gezogen. Am 1.3.2013 war die zweite Hochzeit für beide. Eine standesamtliche Trauung im Schloss Voerde.

Es kamen viele geladenen Gäste und Überraschungsgäste. Zum Beispiel die Schornsteinfeger, weil Jörg einer ist und die Arbeitskollegen von Cordula sowie die befreundeten Familien von Jörgs Eltern, die einen Sektempfang vorbereitet hatten. Ein kleines Catering hatte unsere liebe Heidrun organisiert und der Fotograf war auch vor Ort.

Die Stimmung war schon gut, als alle geladenen Gäste die gemütliche Gaststätte betraten. Es gab schöne Reden, besonders die von Jörg: „Ich heirate eine Familie", die Hochzeitstorte von Brigitte und das super leckere Buffet zum Abend - das war die Krönung in einer lockeren, liebevollen Partyatmosphäre.

Jürgens Geburtstag, den 60., hatten wir vor zehn Jahren schon groß gefeiert, aber der 70., der sollte besonders für ihn werden.

Unser Wohnzimmer fasst bei einer Feier sechsundvierzig Personen, die dazu noch bequem sitzen können und man kann sogar noch ein kleines Tänzchen machen. Das Buffet kann man bei solchen Feierlichkeiten in der Küche wunderbar aufbauen.

Hotel und Gaststätte war dieses Mal nicht in unserem Budget. Wir hatten gerade unsere Baustelle in Westerholt fertig. Also lasse ich in solchen Fällen meine Kochkünste spielen und in diesem Fall auch meine Näh- und Dekorationskünste. Kochen und Nähen kann ich ja. Wenn ich auch nicht so gut laufen kann. Und zu dieser Zeit hatte ich gerade ein bisschen Ruhe, zumindest vorübergehend, mit den Hüften. Ich buchte einen Überraschungsurlaub in Jürgens Lieblingshotel auf Mallorca.

Und ich schrieb an die Gäste die Einladungen selbst, plante das Menü, stellte eine DIN A4 Seite als Speiseplan auf und kaufte einen dicken Ballen champagnerfarbenen Stoff. Die Idee zur Verarbeitung des Stoffes bekam ich, als wir kurz vorher zu einer goldenen Hochzeit eingeladen waren. Als ich dort den Raum betrat, war ich von der edlen Atmosphäre begeistert. Weiße Stuhlhussen, ebenso wie die Tischdecken und eine elegante grünweiße Deko.

Wir liehen uns Stühle für unser Wohnzimmer, wovon zwölf von Corinna kamen, sechs von Brigitte und acht aus der Nachbarschaft. Der Rest der Stühle kam von uns, aber es waren alle verschieden. Wir stellten Tische in U-Form auf. Vorher brachten wir natürlich die Polstermöbel in die Garage. In einer Ecke stellten wir noch einen runden Tisch auf. Dann begann ich den Stoff zu verarbeiten. Ich nähte Tag für Tag. Zuerst fünf gleiche Tischdecken und für den runden Tisch hatte ich noch eine farblich passende.

Dann kaufte ich mir eine Stuhlhusse als Muster. Den Schnitt hatte ich schnell heraus und dann ging es darum, richtig zuzuschneiden und so wenig wie möglich Verschnitt zu haben. Immer schnitt und/oder riss ich mir die Bahnen und Seitenteile und setzte mich Tag für Tag an die Nähmaschine. Bald wäre Geburtstag, und ich hätte noch nichts vorbereitet, sagte Jürgen. Er wusste gar nicht, was Stuhlhussen sind und was ich da überhaupt nähen würde. Das alles machte ihn ein bisschen nervös. Aber ich war nicht zu stoppen und verriet auch nicht, was ich vorhatte.

Alle Stühle und Tische standen in Reihe und Glied und ich sah oft bei ihm einen kritischen Blick, weil alles so komisch und zusammengewürfelt aussah. Mein Geheimnis war auch noch nicht gelüftet. Ein paar Tage vor der Feier war ich endlich mit meiner Näherei fertig.

Als Jürgen einmal wieder morgens zum Bauernhof fuhr, wusste ich, dass er mindestens 4 Stunden wegbleiben würde. Ich rief schnell meine Schwester an und fragte sie, ob sie die Kraft hätte, bei mir ein paar Stunden zu bügeln.
Ich hatte Glück. Ich gab ihr immer die fertigen Teile an und bezog nach dem Bügeln einen Stuhl nach dem anderen. Wir haben beide im Akkord gearbeitet und somit reichte die Zeit

noch, die vorbereiteten pink roten Chiffonschleifen hinter die Stuhllehnen zu binden und die Tischdecken aufzulegen. Wir waren genau nach 4 Stunden fertig, als wir die Autotür zuklappen hörten und Jürgen wenige Minuten später in der Tür stand.

Er blieb wie angewurzelt im Türrahmen stehen und dicke Tränen kullerten über seine Wangen…! Und er nahm mich in den Arm und freute sich wie ein König. Die Überraschung war gelungen. Der Festsaal war fertig.
Alle Gäste an seinem Geburtstag waren eingeladen, pünktlich zu erscheinen und den Gartentoreingang zu benutzen. Unsere Freundin Wilma brachte ihr Akkordeon mit. Als alle sich begrüßt hatten und dem Geburtstagskind gratuliert hatten, haben wir ein paar Ständchen gesungen und ihn hochleben lassen.

Als die Gäste unser Wohnzimmer betraten, waren sie von der herrlichen Raumausstattung begeistert. Die Mitteldecken auf den Tischdecken waren aus dem gleichen Material wie die Schleifen an den Stühlen. Farblich passend waren die Kerzen und das feingeschmückte Heidekraut. Wir hatten ja Oktober. Zu Hause zu feiern ist einfach schön, auch wenn es viel Arbeit ist. Es wurde ein gelungener Abend mit Überraschungen, liebevollen Vorträgen, mit Musik und guter Stimmung, wir haben sogar ein bisschen getanzt nach der beliebten La PalomaMelodie.

Der kleine Urlaub nach all der Arbeit und der schönen Feier war die Krönung, Mallorca Ende Oktober, 27°, auch mit einem

Rollator konnte ich mit meinem Behindertenausweis einen bequemen Flug buchen.

Aber das Auf und Ab mit meinen wackeligen Hüften ging immer weiter, mal ein Krankenhausaufenthalt, dann wieder Hoffnung, dann wieder Probleme wie schon beschrieben und es gab mal wieder Höhepunkte: Noch eine Nichte hat bei uns Hochzeit gefeiert mit ihrer Frau.

Die standesamtliche Trauung fand statt auf dem Halterner Stausee im Hochzeitsschiff. In unserem gemütlichen Haus gab es wieder Hochzeitstorte bei Geigenklang und Kontrabass und abends leckere, herzhafte Speisen.

Wir feierten gemeinsam unsere schönsten Geburtstags-, Nikolaus- (in unserer Siedlung geht der Nikolaus von Haus zu Haus) und Weihnachtsfeiern. Und zweimal Kinderkommunion auf dem Bauernhof. Runde Geburtstage und schöne Einladungen, die wir genießen, wenn wir alle zusammenkommen.

Zum Beispiel hatte uns mein Neffe noch zum Firmenjubiläum eingeladen, und ich dachte, ich wäre in Hollywood. So toll war alles dekoriert und organisiert und als Krönung kam noch Schäfer Heinrich und machte ordentlich Stimmung.

Die Enkelkinder wuchsen heran und die ältere, unsere Sophie, war schon beim ersten Turboabitur dabei und deshalb schon mit 17 Jahren fertig. Zu der Zeit hatte sie schon ihren Führerschein. Ich als Oma war von meinen Kindern zu der eleganten, großen

Abiturfeier in unserer „Vesthalle" eingeladen. Darüber war ich sehr glücklich und ich dachte dieses Mal, dass ich bei der Oskar Verleihung wäre. So schick waren die Mädchen.

Und so empfinde ich das Leben, wenn so schöne Ereignisse sind, die ich miterleben darf.

Sophie hatte sich ein Kleid aus Tüll und Straß gekauft und fast jedes Mädchen hoffte, oben auf der Bühne zu stehen, um bei der Wahl für das schönste Kleid ausgezeichnet zu werden. Sophie hatte sich auch Hoffnungen gemacht und war ein kleines bisschen enttäuscht, als ein Mädel mit einem schneeweißen Kleid gesiegt hatte.

Dann lief der Film aus der bereits vergangenen Schulzeit auf einer Großleinwand ab. Unter anderem waren die Schüler bei der Kostümparty nach dem bestandenen Abitur gefilmt worden. Das Motto war, Helden aus der Kindheit zu verkörpern. Sophie war als Mama von den Simpsons verkleidet und hatte die passende hohe blaue Perücke aus dem Internet bestellt. Endlich hatte Sophie ihren Auftritt. Sie stand mit ihrem schicken Tüllkleid auf der Bühne, denn sie wurde für das schönste Kostüm bei der Motto-Party prämiert. Man fragte sie, warum sie gerade die Simpson Mama gewählt hätte. Da antwortete sie, dass sie früher immer mit ihrem Papa die Simpsons im Fernsehen angeschaut hat und die Mama mit ihrer geilen Perücke so toll gefunden hat.

Aber den Preis, eine Champagner Flasche aus Schokolade, den wollte sie ihrer Oma geben, denn die hätte das passende Kleid genäht. Natürlich kullerten da bei mir die Tränen.

Als etwas kleineres Kind hatte Sophie durch meine Hilfe schon einmal einen Traum erfüllt bekommen. In unserer Siedlung gab es immer Kinder Schützenfeste. Dorthin nahm ich Sophie als kleines Kind alle zwei Jahre mit. Es gab immer bunte Umzüge durch alle Straßen. Vornan die Kutsche mit dem Königspaar, dahinter der Spielmannszug und alle Siedler, Kinder und Erwachsene und Freunde hinterher.

Einmal wollte sie auch in dieser Kutsche sitzen und eine Königin sein. Dazu musste ihre ganze Familie aber Mitglied in unserem Verein sein. Das habe ich natürlich angemeldet und in all den Jahren Beiträge gezahlt, ohne je zu wissen, ob Sophie jemals gewählt würde.

So etwa nach ihrer Kommunion war es dann soweit. Königin Sophie in all ihrer Würde mit ihrem schicken Kommunionkleid in der blumengeschmückten Kutsche. Ihre kleine Schwester durfte als Hofdame ihr gegenübersitzen. Ein Wunsch und Traum ging für sie in Erfüllung und sie war voll glücklich. Heute ist noch der damalige König in ihrem Freundeskreis.

Etwa zu der Zeit hatte ich für mein Enkelkind Jana ein Zebrakostüm genäht und ebenso für viele Zebrakinder aus ihrer Klasse. Mütter aus der Schulklasse halfen mir beim Zuschneiden und ich habe alle 16 Kostüme auf der Maschine genäht. Die Kinder führten in der Schule ein Musical auf, welches einen großen Anklang fand und mehrere Male aufgeführt wurde.

Ich habe mich in das Leben meiner Enkelkinder einbringen dürfen und wenn Jana über alle meine positiven und verrückten

Eigenschaften zu meinem 70. Geburtstag in meinem Gästebuch schreibt, dann bin ich mehr als glücklich. Und wenn Sophie mich so lobt wie auf der Abi Feier, dann bin ich froh, dass ich zu der Zeit, als die Enkelkinder klein waren, nicht auf Mallorca gelebt habe, sondern bei ihnen war. Nach Mallorca haben wir die beiden oft mitgenommen und wie schon gesagt, war das immer sehr schön.

Ich hatte einmal bei einer Freundin kurz vor meinem 70. Geburtstag eine außergewöhnliche Geburtstagsparty erlebt. Diese Frau ist auch so eine von der Sorte, die für ihre Familie immer da ist. Sie hatte im Gegensatz zu mir das Nähen erlernt und ihre ganze Familie, Geschwister, Kinder und Enkel immer mit modischen Sachen eingekleidet. Die Kinder hatten die grandiose Idee, eine Modenschau zu organisieren. So richtig professionell mit Musik und Moderation führten alle aus der Familie Modelle aus mehreren Jahrzehnten vor.

Wie echt auf dem Laufsteg. Manchmal war schon ein Kleidchen ein bisschen zu eng geworden, aber es brachte höchstens liebevolles Gelächter, ansonsten war alles perfekt, originell und herzlich. Niemals hätte ich im Traum daran gedacht, dass ich zwei Jahre später an meinem 70. Geburtstag emotional so etwas Ähnliches in anderer Form erleben durfte.

Jeder meiner Lieben hat in Wort oder Schrift oder bewegenden Bildern mit Musik dazu beigetragen, mich für mein Leben zu belohnen, so wie ich es nie erwartet hätte.

Es fing so an, dass ich als Dank an mein Leben eine mehrseitige handgeschriebene Einladung an meine Gäste schickte. Unabhängig davon, dass ich kurz vorher wieder eine Luxation hatte und Gott sei Dank nicht wusste, dass danach wieder eine kommt und noch eine OP. Ich habe einfach gehofft und geglaubt, es wird schon klappen mit meinem Geburtstag.

Wie damals bei unserer Silbernen Hochzeit. Damals haben wir auch gefeiert, obwohl das Wasser schon aus unserer Wohnung floss. Und es hat geklappt, und ich wünschte mir, dass mein Geburtstag wunderschön wird, ganz gleich, was danach kommt. Die Worte, die in meiner Einladung stehen, galten vor meinem Geburtstag und gelten auch danach. Ich will damit sagen, dass es sich trotz meiner 80 %igen Behinderung lohnt, jeden Tag glücklich weiter zu leben und dass ich solche Ereignisse, wie meinen Geburtstag, einfach erleben will, die dann für immer einen Platz in meinem Herzen haben werden.

Also plante ich ungefähr 60 Personen für die familiäre Feier und für engste Freunde ein und suchte dafür ein Lokal aus.

Ich hatte das Gefühl, so aus dem Bauch heraus, dass die Wahl richtig wäre, weil ich die Wirtsleute persönlich kenne. Ich machte den Termin fest und bestellte weihnachtliche Dekoration, denn mein Geburtstag ist immer kurz vor dem ersten Advent. Eine weitere Feier, die bei mir zu Hause stattfinden sollte, plante ich für eine Woche später. Dazu lud ich 36 Freundinnen ein. Also musste ich zwei verschiedene, aber ähnlich lautende Einladungen für die zwei Feiern herausschicken. Aber erst einmal mussten diese angefertigt werden.

Da der Text dieser Einladung mein Lebensglück definieren soll, will ich sie an den Schluss setzen und ein gutes Ende haben und eines Tages kommt vielleicht noch einmal eine Fortsetzung.

Kleidung hatte ich schon eingekauft und von den Kindern, Nichten und Freundin absegnen lassen. Mein Geburtstag, dem ich so hoffnungsfroh entgegenfieberte, verlief so, dass mein Bruder aus Süddeutschland mit Partnerin Heidrun und Enkelkind schon einen Tag vorher angereist waren. Also konnten wir drei Geschwister mit unseren Partnern am Geburtstag gemeinsam frühstücken. Es kamen natürlich schon früh viele Anrufe; Blumen wurden gebracht und liebevolle Geburtstagskarten lagen in meinem Postkasten. Zwischendurch versuchte ich, immer ein bisschen auszuruhen, um abends fit zu sein.

Früh genug waren wir in der Gaststätte und alles war nach meinen Wünschen geschmückt. Die DJ´s waren da und hatten alles aufgebaut und wir verteilten noch schnell die Tischkärtchen. Es kamen alle geladenen Gäste. Zwei Nichten und ein Neffe aus Süddeutschland waren leider dringend verhindert und haben mir ein bisschen gefehlt. Aber sie schickten mir den schönsten Blumenstrauß und liebe Grüße und sie hatten sich schon vorher, ohne dass ich es wusste, in mein Gästebuch mit ergreifenden Worten verewigt.

Außerdem waren sie in Gedanken bei mir, das habe ich gespürt. Beim Sektempfang wurde die Gratulationsprozedur abgewickelt. Als alle auf ihren Plätzen saßen, stellte ich jeden Gast mit einer Anekdote oder Bemerkung vor. Parallel dazu wurde das Buffet aufgebaut. Nach dem leckeren Essen folgten die Beiträge. Cordula zeigte auf einer Großbildleinwand Bilder aus meinem Leben am laufenden Band, untermalt mit der Melodie des Songs „Atemlos".

Sie erzählte in ihrem mündlichen Beitrag in lustigen Worten über mein Leben für meine Familie, meine Nichte Katrin betonte in ihrem Vortrag besonders die liebenswerten Kleinigkeiten, die sie sich aus ihrer Kinderzeit bei mir gemerkt hatte und erwähnte sogar die leckeren Nutella-Brote.
Meine Schwester Brigitte bedankte sich für meine Hilfe und Unterstützung in verschiedenen Lebenslagen und die Lebensgefährtin meines Bruders übernahm den Part, seinen Dank an mich auszusprechen. Und sie hatte vor meinem Geburtstag ein Gästebuch gekauft mit losen Seiten und von Süddeutschland aus organisiert, dass mir jeder Gast ein Blatt widmet.

Sie überreichte mir das fertige, einmalige Buch mit edelsten Kreationen und Worten als Geschenk an mich und mein Leben. Das Buch zeigt mir, wie jeder über mich denkt. Es ist ein wunderschönes und bleibendes Geschenk, und wenn ich es an guten und schweren Tagen aus dem schönen Karton nehme und lese, kullern mir die Tränen aus den Augen, weil ich immer noch und immer wieder ergriffen bin.

Einige Textauszüge aus dem exklusiven Gästebuch, die mir besonders ans Herz gehen, habe ich als Kostprobe hier notiert:

Mein Jürgen will mich als Teil seines Lebens noch lange behalten.

Corinna dankt für meine unermüdliche Unterstützung. Cordula schreibt u.a., dass ich sie in schweren Zeiten getragen habe.

Jana erwähnt alle guten Eigenschaften von mir, die innerlichen und äußerlichen.

Sophie bedankt sich für eine unvergesslich schöne Kindheit.

Mein Bruder dankt fürs Mut machen und Trost und jede Art von Unterstützung.

Für Brigitte bin ich die allerbeste Schwester der Welt.

Für einen Neffen war ich die Unternehmensberaterin, für ihn und seine Schwester war ich Mutterersatz, Seelenberaterin, Hochzeitsausstatterin, Umzugshelferin und Näherin.

Eine Nichte und ein Neffe danken für das Glück, mich zu haben und für die Wärme, die ich gebe.

Die andere Nichte dankt für die Sonne in meinem Herzen.
Mein Großneffe dankt für Herzlichkeit und Fürsorge, und dass man als Kind bei mir immer spielen durfte.

Weitere nahe Verwandte und Freunde schreiben:

Ich würde Sonne in den Raum bringen,

Ich wäre immer da gewesen, wenn sie mich riefen und trotz Kummer, hätte ich immer gelacht.

Bewahre dir deine Energie und übertreib es nie.

Die gute familiäre Atmosphäre ging schon von deiner Mutter aus und man fühlt sich wohl bei dir.

Selbstlos gibst du Hilfe, selbst Fremden.

Danke für 50 oder 60 Jahre Freundin.

Du bist die fröhliche, immer positive super tolle Powerfrau.

Du bist ein einzigartiger, besonderer Mensch für mich. Ich rede mir meinen Kummer von der Seele und du richtest mich wieder auf.

Mit jedem Jahr wirst du strahlender, liebenswerter, zufriedener und fröhlicher.

Du möchtest den Weltfrieden und alle retten und vergisst oft dein eigenes Leben.

Bei dir durfte man im Wohnzimmer Buden bauen und eine Pferderanch.

Du verschenkst dein letztes Hemd oder ein Lieblingsstück.

Das Glück anderer ist dir wichtiger als deins.
Du gabst mir Kraft.

Du hättest auch Trödelhändler oder Pastor werden können. Sie ist die stärkste Frau, die ich kenne und sie hat uns allen davon was abgegeben (Nichte).

Danke für unser Leben mit dir.

Ich denke an Nachtschichten, wo ich mit dir und euch beiden meine Probleme wälzen konnte (Neffe).

Oft hilft sie auch völlig Fremden.

Du warst unsere Gardinennäherin, Finanzministerin, Briefe Schreiberin, Nachhilfelehrerin, Kinderaufpasserin.

Dein Herz schlägt für Marl.

Heute wollen wir tanzen, lachen und die Illi glücklich machen.

Wir lieben dich und danken dir.....

.....und so weiter, und so fort!

Damit hatte ich nicht gerechnet. Das alles und vieles mehr, das steht in meinem wunderschönen Gästebuch. Hätte ich meinen Geburtstag nicht gefeiert, würde ich nicht wissen, dass mich alle so liebhaben und sie haben dieses auf so vielfältige und einmalige Weise zum Ausdruck gebracht.

Es war die Liebe, die ich gab und nur, wer sie selbst bekommen hat, kann sie weitergeben.

Es war der wunderschönste Abend in meinem Leben, der mit einem langsamen Walzer, den ich noch ganz langsam schaffte mit meinem Jürgen, gekrönt wurde. Glück pur.

Dann folgte der unvergessliche Tag mit meinen 36 Freundinnen, und alle kamen und es gelang auch ihnen, mich vollkommen glücklich zu machen. Ich wusste schon vor meinem Geburtstag, dass ich trotz mancher Katastrophen ein glücklicher Mensch bin, jetzt bin ich es noch mehr. Ich habe selbst viele Höhen und auch Tiefen erlebt. Und wenn mir jemand sagt, er sei 50 Jahre verheiratet und hätte jeden Tag Hochzeitstag gehabt, dann weiß ich, dass er lügt oder einer hat immer nur nachgegeben, dann könnte es so sein.

Aber zwei verschiedene Persönlichkeiten wie wir, die müssen auch mal streiten, an Grenzen geraten, um dann abschätzen zu können, wo der Wert liegt.

Aber im Nachhinein bin ich froh, dass sich mein Kampf gelohnt hat und ich bin mit mir im Reinen. Ich bin dankbar dafür, dass wir eine Familie geblieben sind und ich bin auch froh, dass meine Eltern zusammengeblieben sind. Wir hatten und wir sind und wir bleiben so eine tolle Familie.

Natürlich kann man oder muss man manchmal weglaufen, wenn man sich nicht mehr wehren kann. Das habe ich auch schon einmal getan. Und manchmal ist es auch gut, sich professionellen Rat zu holen, wenn man kein Selbstbewusstsein mehr hat oder nicht mehr vergeben, vergessen, verzeihen kann.

Dann muss man seine Probleme herauslassen dürfen und sagen können, was einen bedrückt und sich nicht dafür schämen, denn das Leben läuft nicht immer glatt. Oftmals bringen auch Lebenssituationen wie Krieg oder Krankheiten Veränderungen ins menschliche Verhalten. Ein jüngerer Mensch hat andere Wünsche und Ansichten als ein älterer. Es gibt aber auch drei oder vier der härtesten Dinge. Zum Beispiel Misshandlungen,

Schläge oder auch seelische Grausamkeiten, Fremdgehen oder Trinken. Die sollte man besonders im Zusammenleben nicht hinnehmen. Beim Trinken kann man schon ein bisschen steuern, aufpassen oder helfen, besonders, wenn man es schnell merkt. Schlagen und Fremdgehen ist ein „NoGo", da hat man es meistens mit Wiederholungstätern zu tun.

Ich bin glücklich, dass ich schwerste Zeiten überstanden habe. Einmal habe ich mir auch professionelle Hilfe geholt, nachdem ich einfach ausgezogen war und das hat mir geholfen. Aber immer wieder haben mir Menschen geholfen, denen ich in meinem Leben einfach einmal so begegnet bin oder Freunde, die es ehrlich meinten mit mir. Aber vor allen Dingen jeder einzelne aus meiner kleinen und großen Familie.

Mein Lebenswerk sind nicht die drei Häuser, die ich mit meinem Mann gebaut beziehungsweise erhalten habe. Mein Lebenswerk sind die Menschen, die ich liebe und denen ich die Liebe gab, die sie brauchten. Besonders meinen Kindern und Enkelkindern, meinen Nichten und Neffen, Geschwistern und allen, die sich mir nahe fühlen und die es mir an meinem 70. Geburtstag bestätigt haben.

Ganz besonders gab ich die Liebe meinem Mann, der sich oft nicht traute, Liebe zu zeigen, weil er selbst kaum Liebe bekommen hatte. Seine Liebe, das sind nicht die lauten Worte, sondern die leisen ab und zu, die kein anderer hört. Nur einmal hat er mir gesagt, dass ich der Mensch bin, den er am meisten achtet.

Wie schon gesagt, Leben ist auch ein bisschen Zirkus, aber meistens ist Zirkus schön, wenn alles ein bisschen liebevoll ist. Ein Clown weint auch manchmal. Aber meistens bringt er uns zum Lachen und das ist für ihn Glück.

Und was für mich in meinen 70 Lebensjahren Glück bedeutet hat, steht zusammengefasst im Text meiner Einladung.

EINLADUNG ZUM 22.11.2014

um 18 Uhr. Da wird gefeiert
nach dem Motto „glücklich 70"
in der Gaststätte ....
Ich freue mich auf jeden
Gast.

GLÜCK ist auch, wenn ich 70 Jahre alt werde, weil ich:

GLÜCKSKIND am 22.11.44 im Bombenhagel auf dem Brasserter Marktplatz im Bunker geboren wurde, und bis heute in Frieden leben darf.

Glück ist auch, wenn ich 23 Jahre die liebste und weiseste Oma der Welt haben durfte.

Glück ist besonders, wenn wir 4 Kinder die stärkste Mutter der Welt haben durften, die nicht nur mich, sondern meine Geschwister und noch andere Kinder mit ihrer Muttermilch ernährte. Die in ihrem Glauben fest war, die fleißig, was und gerecht und zu uns immer gut war.

Glück ist auch, einen Vater gehabt zu haben, der trotz Krieg und Verwundung nach dem Motto „Dienst ist Dienst" und „Schnaps ist Schnaps" seine Arbeit bei der CWH erledigte und uns mit Mutti ein schönes Haus gebaut hat.

Glück ist auch, Geschwister zu haben! Die Uschi hatte ich 56 Jahre lang, danke dafür! Den Heinz habe ich 68 Jahre und unsere Brigitte 56 Jahre lang. Davon möchte ich keinen Tag missen. Dankenswerter Weise gehört Heidrun 8 Jahre zur Familie und Karl-Heinz über 20 Jahre.

Glück ist auch, Nichten und Neffen zu haben und deren Partner, die ich ebenfalls liebe und deren Kinder, die alle zu meiner großen Familie gehören.

Glück ist besonders, wenn man es geschafft hat, eine eigene kleine Familie zu gründen und diese zu erhalten. Da habe ich seit 50 Jahren meinen Jürgen, der seine Familie liebt, der bescheiden und fleißig ist und mit dem ich und er mit mir manche Höhen und Tiefen erlebt habe. Aber es ist gut, daß wir eine Familie geblieben sind.

Glück ist absolut, zwei Mädchen bekommen zu haben, die gesund und strebsam sind, die liebevoll und stark sind, die Männer haben, die ich liebe und daß deren Familien auch zu uns gehören.

Glück absolut mit Steigerung sind zwei Enkelinnen. Wir sind dankbar für diese zwei Mädchen, und wir möchten keine Stunde der Freude mit den beiden missen.

Glück ist auch, über viele Jahre Freunde zu haben und daß wir noch offen sind für neue Freundschaften.

Glück ist auch, fremde Menschen kennen gelernt zu haben, die wegweisend für meine Zukunft waren, denen ich dankbar bin, auch denen bin ich dankbar, die uns Arbeit gaben.

Ihr habt gelesen von den Menschen, denen ich dankbar bin, daß ich sie habe oder hatte. Materielle Werte zählen nicht, das ist mir wichtig zu sagen.

Glück ist auch, daß ich im Alter von 7 Jahren eine schwere Krankheit hatte. 1½ Jahre war ich im Krankenhaus Münster-Hornheide. Nur einmal durfte ich besucht werden. Ich wurde viel mit Kobalt bestrahlt, aber gesund entlassen. Zuhause gab es einen großen Empfang für mich. Das ganze Haus war geschmückt, innen und außen. Ich kam in meine alte Schulklasse, inzwischen schon die dritte und konnte nach der 5. Klasse zur Realschule gehen, wo ich heute noch eine enge Gemeinschaft pflege mit meinen Mitschülern.

Glück ist auch, daß man Hilfsmittel haben kann, die glücklicher leben lassen? Schuheinlagen, Schuherhöhung, Hüftprothesen, Brille, Hörgeräte, Zahnersatz, Rollator, Atemgerät. Das ist ein wichtiger Komfort, den ich brauche und mir leisten kann.

Glück ist auch, ein schönes Zuhause zu haben.

Glück ist, alle Krankheiten und Katastrophen überstanden zu haben. Das hat mir den Wert des Lebens gezeigt. Ich ging mal arbeitsmäßig von Haus zu Haus. Da hab ich viel Trauriges und Armut gesehen. Als ich erschöpft nach Hause kam, war ich der glücklichste Mensch der Welt. Da waren meine Kinder, mein Mann, gutes Essen, eine gemütliche Wohnung, nur mein Helfersyndrom mußte ich im Griff halten, ich hätte so gerne alle gerettet.

Glück und Geschenk zugleich
ist mein Geburtstag, den ich
mit Euch feiern darf.

Dieses war meine Rede, die
ich nicht mehr halten
brauche. Ich flenne immer
so gerne.
Ich freue mich auf jeden
von Euch.
Ich wünsche mir zum Schluß,
daß mein schwaches Herz
noch einige Jahre weiterschlägt
dank Tabletten, und die
Hüften nicht mehr heraus-
springen.
Aber ich möchte trotzdem
mit meinem Jürgen noch
mindestens den Schneewalzer
tanzen und Euch bitten, zu
einem glücklichen Tag
beizutragen (DJ ist bestellt).

Ich liebe Euch alle
        Eure Ilse (Illi)

Epilog

2015, ich bin 70 Jahre alt und schaue zurück auf zwei verschiedene Lebenszeiten: 20 Jahre, die behütet waren und 50 Jahre, die geprägt waren von Ausbildung, Familiengründung und Existenzkampf. Keine Zeit zum Denken, zum Lesen und keine Zeit, sich um die Welt Gedanken zu machen.

Was heißt Welt, wo wir nicht wissen, ob auf einem anderen Planeten noch Menschen leben. Wir sollten Erde sagen. Mit dem Planeten haben wir schon genug zu tun, zum Beispiel mit dem Klimawandel.

Dieses gesamte globale Spektakel, das erdrückt uns im Moment. Jeden Tag, besonders durch das Fernsehen und Radio, rollt es wie eine Lawine über uns. Über alle Probleme machen sich die Großen dieser Welt nicht genug Gedanken, oder jeder denkt nur an seine Vorteile
.

Es gibt verschiedene Erdteile, verschiedene Kulturen, verschiedene Religionen, die Wirtschaft ist unterschiedlich fortgeschritten, deshalb sind die Vermögensverhältnisse oft stark verschieden. Das gegenseitige Verständnis für die verschiedenen Religionen fehlt. Die Vertreter der Weltreligionen müssten sich regelmäßig treffen und friedliche Gespräche führen und sich bei Problemen gegenseitig helfen. Einige Staatsmänner versuchen, mit Kriegen eine Lösung zu finden. Miteinander zu reden, ist die bessere Lösung, da sind keine Menschenleben gefährdet.

Die Frage ist, welcher Regierung kann man vertrauen, welchem Politiker? Nicht nur einer kann die Welt verändern.

Viele Länder sind den Vereinten Nationen nicht angeschlossen. Viele machen, was sie wollen, bomben aus vorgeschobenen Glaubensgründen einfach los. Die Machtverhältnisse sind so unterschiedlich und auch die Einstellung mancher Staatsmänner zu der Macht ist verschieden.

Das Menschenleben, und wenn es nur um das Thema Umwelt geht, spielt dabei oft eine zu geringe Rolle Wir wissen aber nicht genau, wer ist am meisten schuldig, wer ist der Ehrlichere. Gedanken machen wir uns, haben auch Ängste, haben unsere Meinung, tun sie auch manchmal kund und der andere denkt genau anders und wir streiten oder wir halten uns ein bisschen zurück.

Aber wir lernen in einer Demokratie, wo und wie man seine Meinung sagen darf. Diktatoren in anderen Ländern bestimmen allein, lassen urteilen und verurteilen und bringen Menschen dazu, wegen Ungerechtigkeiten und aus Ängsten heraus in andere Länder zu fliehen. Wir waren auch einmal die Bösen. Es war im Zweiten Weltkrieg, und alle sind erst wach geworden, als alles am Boden lag.

Erst waren wir die Angreifer, die Helden, die die ganze Welt beherrschen wollten. Einem Mann sind alle gefolgt. An der Weite Russlands ist es gescheitert, das hatte Napoleon schon falsch gemacht. Von allen Seiten wurden wir dann angegriffen bis zur Kapitulation 1945. Dann berieten die Siegermächte, was wir an Land abgeben müssten, wir wurden von den Alliierten besetzt.

Im Westen Deutschlands von den Amerikanern, Engländern und Franzosen. Im Osten von Russland und Polen. Der Osten, von den Russen beherrscht, machte die östliche Hälfte Deutschlands, jenseits von Oder und Neiße, zu einem kommunistisch beherrschten Staat.

Im Westen war es lockerer. Da halfen die Alliierten zunächst mit, den Hunger zu bekämpfen und halfen beim Aufbau (Marshallplan). Dem freiheitlichen Westen gelang der Aufbau Deutschlands besser als dem Osten, der in vieler Hinsicht vom Staat enteignet wurden.

1961 wurde mitten durch Berlin eine Mauer gebaut und an den Grenzen zum Osten hohe Zäune, so dass keiner in den Westen fliehen konnte. Nach jahrzehntelanger Teilung, nach Unterdrückung und Einsperrung vom kommunistischen Regime war der Osten wirtschaftlich am Ende. Immer wieder hatten unsere westlichen Staatsmänner mit Polen und Russland versucht, Gespräche zu führen, um die Nichtaufgabe des deutschen Ostens zu signalisieren.

Vorreiter waren da Brandt und Bahr. Geschichtlich ist der Kniefall Brandts in Polen hervorzuheben, im Osten, also Russland, brachte Gorbatschow erste Erleichterungen und Hoffnungen. Nach friedlichen Demonstrationen gelang es am 9. November 1989 die Mauer zu durchbrechen. Sie war von den DDR Politikern freigegeben worden.

Mitten in Berlin, und das ist auch zu Recht heute unsere Hauptstadt, kamen in Strömen die Ostdeutschen über die Glienicker Brücke. Man konnte es im Fernsehen verfolgen, und ich glaube, ganz Deutschland hat geweint vor Freude, ich auch.

Dann wurde zwischen den kommunistischen Mächten und dem demokratischen Westen verhandelt und die offizielle Wiedervereinigung wird heute jedes Jahr am 3. Oktober gefeiert als gesetzlicher Feiertag. Ich hätte gerne den 9. November als Feiertag gehabt, weil er noch so emotional in mir drinsteckt, aber die Einigungsverträge zu machen, war ein Kraftakt, der bis zum Herbst 1990 gedauert hat.

Heute, nach 25 Jahren, wird noch um gegenseitiges Verständnis gerungen. Die Politiker geben sich schon Mühe, gerecht zu sein, stoßen dabei oft an finanzielle Grenzen. Dank unserer guten wirtschaftlichen Lage im Westen und des Solidaritätszuschlages, der von den verdienenden Menschen des Westens und des Ostens an die Verantwortlichen des Wiederaufbaus des Ostens gezahlt wird, herrscht aus meiner Sicht heute, 2015, schon ein Ungleichgewicht gegenüber dem Westen.

Wir fuhren am Anfang aus Freude und Neugier jedes Jahr hintereinander viermal in den Osten Deutschlands. Mittlerweile hat sich unsere Euphorie gelegt. Hier im Westen sind jetzt die Straßen schlechter, die Brücken, die Schulen und öffentlichen Gebäude. Sie weisen alle baulichen Mängel auf. Da müssen Eltern und Großeltern Geld sammeln, damit in der Schule im Westen neue Vorhänge in den Klassenzimmern angeschafft werden können.

In den neuen Bundesländern ist schon alles neu. Straßen, Brücken, Schulen, öffentliche Gebäude. In Dokumentarsendungen im Fernsehen habe ich gesehen, dass man in manchen Ostgebieten schon gar nicht mehr weiß, wohin mit dem Geld. Man soll ja nicht hassen, aber immer kann man sich nicht darüber freuen. Es ist uns einmal passiert, als wir im Osten Urlaub machten, circa drei Jahre nach der Wende, dass ein junger Ostdeutscher, man sagt auch manchmal Ossi, ich benutze jetzt mal dieses schreckliche Wort, dass dieser uns Wessis, die neben ihm friedlich in einer Gaststätte saßen, als Faulpelze und Verbrecher bezeichnet hat.

Wir versuchten friedlich, uns zu rechtfertigen, und verließen dann die Gaststätte. Wir brauchten ein paar Jahre, um das wegzustecken und im Moment kommt noch der Soli-Frust dazu.

Deshalb habe ich nach Berlin zur Regierung geschrieben, aber keine Antwort bekommen. Es dauert immer einige Zeit, bis Gesetze, die einmal da sind, geändert werden. Aber der Soli täte jetzt auch dem Westen gut.

Wegen der anderen Sache, „Faulpelze und Verbrecher", da wollte ich damals an die Bild-Zeitung schreiben, habe es aber aus Zeitgründen nicht geschafft. Manchmal muss man auch etwas wegstecken. Und vielleicht hat man ja im Osten auch mal etwas Unangenehmes von einem Besserwessi zu hören bekommen.

Im Grunde ist aber alles gut und gut Ding braucht Weile. Wir fahren zum Beispiel gerne nach Berlin und freuen uns immer wieder, wenn wir durch das Brandenburger Tor gehen können, denn das war ja 28 Jahre nicht möglich. Es gab in den jetzt 25 Jahren der Wiedervereinigung eine Hin- und Herwanderung im Lande, manche Woge wurde geglättet. Die Politiker arbeiten daran, dass auf beiden Seiten in jeder Beziehung bald Gleichstand herrscht. Es ist viel Verständnis erforderlich.

Wir in Deutschland, mit unserer friedlichen Wiedervereinigung, sind ein Vorbild für die Welt und können darauf stolz sein. Im Moment sind viele Flüchtlinge in Deutschland, das ist eine sehr große Herausforderung für unser Land. Aber wir dürfen nicht vergessen, dass wir auch mal Flüchtlinge hatten, sogar im eigenen Land, und das war am Ende des Zweiten Weltkrieges. Die Deutschen wurden aus den Ostgebieten vertrieben auf grausame Weise, legten unter lebensbedrohlichen Bedingungen 1.000 und mehr Kilometer zurück, und viele starben dabei. Die Überlebenden fanden im Westen eine neue Heimat.

Wir mussten in unserem neu erbauten Haus nach Kriegsende eine sechsköpfige Familie aufnehmen, da war viel Unruhe im Haus. Wir mussten oft zu dritt in einem Bett schlafen in dieser Zeit. Aber die Flüchtlinge hatten schwere Zeiten hinter sich und brauchten eine Bleibe.

Vor sechs Jahren etwa, kurz vor dem Tod meiner Mutter, schellte es an meiner Haustür. Eine Frau wollte von meiner Mutter Abschied nehmen, sie wollte sich dafür bedanken, dass meine Mutter und meine Oma ihr in der Hungerzeit nach dem Krieg unter anderem leckere Bratkartoffeln gegeben hatten. Sie konnte sich noch an den schönen Geruch erinnern und an den Geschmack. Sie selbst war damals als Kind mit ihrer Mutter und vier Geschwistern aus Schlesien geflüchtet und sie mussten sich in ihrem kleinen Zuhause zu fünft manchmal ein einziges Spiegelei teilen.

Wieder andere bedankten sich für leckere Butterbrote, die meine Mutter an die Kinder in der Nachbarschaft verteilt hatte. Heute gibt es eine andere Art der Zuwanderung. Es kommen Menschen aus fernen Kriegsgebieten, zum Beispiel Iran, Syrien,

Afghanistan, Afrika und so weiter zu uns. Aus allen Teilen der Erde, wo Krieg herrscht, kommt man gerne nach Deutschland - auch gerne in andere europäische Länder. Aber viele Staaten weigern sich, Flüchtlinge aufzunehmen.
Wieder ist es eine sehr große Herausforderung für unser Land, aber in der Flüchtlingsfrage ist man sich nicht einig. Einige Länder lehnen Hilfe ab. Es ist wichtig, Europa weiter zu vereinigen. Man will es etwa nach dem Vorbild USA versuchen, aber in vielen Dingen fehlt es noch an gegenseitigem Verständnis, zum Beispiel jetzt in der Flüchtlingsfrage.

Wie schwer ist es, ein Land oder mehrere Länder zu vereinigen, kann man damit vergleichen, wie schwierig es schon ist, dass Menschen eine 50-jährige Ehe schaffen.
Das ist bei uns jetzt der Fall. Man hat sie mit allen Höhen und Tiefen durchlebt, Kinder groß zu ziehen, deren Liebe ein Leben lang zu erhalten und unsere Gegenliebe, das ist ein Geschenk des Himmels und wirklich nur mit absoluter Liebe zu erreichen.

Da ist auch gegenseitiges Verständnis wichtig, wenn verschiedene europäische Länder eine gemeinsame Währung bekommen sollen.

Das hat auch noch mit Liebe, Berechnung und Gesprächen und allgemein gültigen Gesetzen zu tun, sonst kann man keinen Frieden halten. Viele Treffen und Gespräche der Staatsmänner sind wichtig, um gemeinsame Lösungen zu finden. Es war schon ein geschichtliches Meisterwerk, unser Deutschland wieder zu vereinigen. Nach so einem Krieg, den dieses Land selbst brutal veranstaltet hatte, da wieder Frieden mit sich selbst und den Völkern der Erde zu finden und Akzeptanz, das ist in unserem Falle mustergültig gelungen.

Das geht nur, wenn man seine Fehler einsieht und versucht, Frieden zu halten und es schafft, diesen Frieden anderen Ländern zu vermitteln. Man darf oder muss als Politiker seine Meinung kundtun und Kompromisse machen, aber so komisch sich das anhört, man muss auch in der Politik Frieden und Liebe walten lassen.

So wie es im Familienleben ist, in dem nur der Liebe geben kann, der Liebe erhalten hat, wie meine Mutter immer gesagt hat.

Jetzt stehen die Flüchtlinge aus anderen Ländern vor unserer Tür, warten auf unsere Hilfe und Liebe, weil sie in ihrem Land von unserem schönen, reichen Deutschland gehört haben und bei einer riskanten Flucht aus ihrem Kriegsgebiet alles auf sich genommen haben.

Sind wir geschickt genug, diese brisante Situation zu meistern? Unsere Bevölkerungszahlen gehen zurück, wir haben Arbeitsplätze zu vergeben. Das könnte die Wirtschaft ankurbeln.

Aus einer Multikulti-Gesellschaft gehen intelligente und schöne Menschen hervor, wenn diese untereinander Kinder bekommen. Und diese Menschen sollen aufgeschlossener sein, man sieht es an den Menschen des Ruhrgebietes. Die Zeit wird es zeigen, ob wir die Ruhe bewahren und das Beste daraus machen können, denn die Zuwanderung, die jetzt geschieht, geschieht nicht nur innerhalb Deutschlands, die hat es hier bei uns wegen der zwei Weltkriege gegeben und wegen der Zechen.

Da wurden die Menschen aus den Ostgebieten angeworben, aus der Türkei, aus Italien und Spanien, da wurde viel integriert und man kann es als gelungen betrachten.

Jetzt geht es über Kontinente hinweg und es kommen Menschen aus verschiedenen Kulturen mit verschiedenen Religionen, und sie kommen aus Ländern, in denen die Frauen noch keine Rechte haben. Alles ist anders als bei uns, deshalb bringt Multikulti auch Probleme.

Das Hauptproblem wird nicht sein, das Flüchtlingsproblem finanziell zu lösen, sondern es wird schwierig werden, wenn zum Beispiel Christen und Muslime heiraten.

Die Familie ist der Grundstock für alles und dort muss es beginnen zu funktionieren. Ich habe es in meiner Familie früher erlebt, da hat es Probleme gegeben, als meine evangelische Mutter einen neuapostolischen Mann geheiratet hat. Dann gab es Probleme, als ich, evangelisch, und mein Jürgen, katholisch, heiraten wollten. Die Familie akzeptierte mich nicht und der katholische Pfarrer wollte uns nicht trauen. Mein Mann würde dann auch nicht katholisch beerdigt werden, hat er gesagt, und dann haben wir evangelisch geheiratet und wir haben uns wegen des Glaubens nicht einmal gestritten.

Das war eine Verheiratung unter Christen!

Wenn aber da so ein Machtanspruch von einer anderen Glaubensgemeinschaft besteht, wie bei dem katholischen Pfarrer beispielsweise bei einer muslimischen Familie, dann kann es auch da Probleme geben. Ich möchte im Moment kein Politiker sein und ich weiß noch nicht, wie unsere Politiker dieses Problem lösen werden.

Ich frage mich auch, wie meine Enkelkinder, die jetzt 15 und 20 Jahre alt sind, diese Situation betrachten. Wir hatten als Kinder noch nicht die Möglichkeiten, so einen Weitblick zu haben wie heute. Einen Fernseher gab es erst, als ich zehn Jahre alt war, und wer hatte da schon ein Telefon? Heute haben alle Menschen viel zu viele Kommunikationsmöglichkeiten und lassen sich täglich darauf ein. Was man in den Medien hört, von den Unruhen auf der Erde, das macht viele Menschen krank, oder sie können nachts nicht schlafen. Ich mache mir auch oft viel zu viele Gedanken und würde gern etwas ändern, und da liege ich auch oft wach.

Aber zurück zur Einwanderungsgeschichte. Als Amerika bevölkert wurde, hatten die Ureinwohner ihren Kampf um ihre eigenen Rechte, aber selbst die Eingewanderten merkten bald, dass da Gesetze hermussten, die den Zustrom begrenzten.

Auch weiß man nicht, was wird eines Tages aus uns. Es werden immer weniger Kinder geboren, die Bevölkerungszahlen schrumpfen bei uns. Es entsteht jetzt ein Völkergemisch. Das kann gesund sein oder auch eine neue Chance, bringt aber eben auch viele Veränderungen.

Zum Beispiel gab es zu meiner Schulzeit mehr Christen auf der Erde als jetzt. Die Zahl der Muslime hat stark zugenommen. Auf unserem Globus verändert sich zurzeit viel. Alle friedlichen Religionen gegenseitig zu akzeptieren ist auch ein Ziel, wie schon einmal gesagt, das sollten die Länder und Glaubensvertreter dringend anstreben. Es hat schon zu viele Glaubenskriege gegeben!

Wieviel Angst ist jetzt bei dem gewaltigen Flüchtlingsstrom im Spiel bei beiden Seiten? Es geht ums Überleben. Ich habe die

Kleidung meiner Enkelkinder gespendet und viele praktische Dinge.

Ich bin in den Krieg hineingeboren worden, im Luftschutzbunker. Trotz Angst und Krieg wurden Kinder der Liebe gezeugt und so auch jetzt. Meine Mutter in den Wehen mit mir, draußen der Bombenhagel, meine dreijährige Schwester daneben sagte immer: „Ulli Angst".

Kurz nach meiner Geburt war der Krieg zu Ende. Dank meiner Familie bin ich ein glücklicher Mensch geworden und durfte dank guter Politik bis jetzt fast 70 Jahre ohne Krieg leben. Und das wünsche ich den Flüchtlingen auch, dass in ihren Ländern eines Tages Frieden herrscht und sie dorthin zurückkehren können.

Obwohl ich nicht zu der Generation gehöre, die den Krieg angefangen hat, wurde uns schon als Kindern von denen, die unter dem Krieg gelitten hatten, dieser Krieg vorgehalten. Ich hatte da immer Schuldgefühle und habe darunter gelitten. Gerne hätte ich manchmal gerufen: „Ich war es doch nicht!" Aber Geschichte muss aufgearbeitet werden, damit so etwas nicht wieder geschieht.

Und jetzt müssen wir wiederzusehen, wie Krieg und Unrecht herrscht - weiter weg, wo Waffen geliefert wurden, um Geld zu verdienen, Waffen an die späteren Feinde. Wem gelingt es, dort wieder Frieden zu schaffen und gegenseitige Rechte auszuhandeln oder ungerechte Angreifer zu bestrafen? Was können wir tun, dass in Menschen gar nicht erst so viel Hass aufkommt. Glaube, der Nächstenliebe predigt, sollte nicht aufhören zu sein - über alle Grenzen hinweg. Demokratisch offen und ehrlich über Probleme reden.

175

Wehre dich mit Worten, nicht mit Gewalt, das hat meine Mutter gesagt und ich später auch zu meinen Kindern.
Aber wenn ich tätlich angegriffen werde, muss ich mich verteidigen. Und wenn ich zu schwach bin, muss ich weglaufen. Und genau das tun die Flüchtlinge gerade.

Da sind wir wieder bei dem Thema Zuwanderung im Allgemeinen. Diese hat innerhalb unserer Familie und des ganzen Landes zu meiner Jugendzeit und schon davor eine große Rolle gespielt, wie ich schon einmal erwähnt habe.

Die Erde war um die Jahrhundertwende noch nicht so stark bevölkert, auch nicht unser Land. Es gab viel Weideland, Viehzucht, wenig Industrie, viel Natur, wenig Arbeit, nicht so viele Gesetze, aber dadurch bedingt auch viel Ungerechtigkeit zwischen Arm und Reich.

Als man die erste Kohle hier im Land fand, ich spreche von dem heutigen Ruhrgebiet, lockte man auf verschiedene Weise die Menschen hierher.

Um junge Männer für den Bergbau anzuwerben, schickte man unter anderem Boten aus. So kam Anfang 1900 der väterliche Teil meiner Großeltern aus Ostpreußen. Abenteuerlustig, mit gutem Glauben an eine bessere Zukunft, kamen sie in Gelsenkirchen an. Sie waren noch keine 20 Jahre alt, aber die Männer wollten im Bergbau arbeiten, eine Familie gründen, ein Haus bauen, so wie es meine Großeltern dann auch verwirklicht haben.

Schnell wurde geheiratet und man fand auf der Zeche Arbeit. Ein Bauplatz für 2500 DM wurde der inzwischen vier Kinder reichen

Familie zur Verfügung gestellt, und es wurde mit gegenseitiger Nachbarschaftshilfe gebaut.
1933 wurde das Haus bezogen. Schon kurz danach, 1939, mussten die Männer in den Krieg. Mit einer wahnsinnigen Euphorie zog ein ganzes Land auf Anweisung des Führers Hitler in den Krieg und selbst die jungen Söhne wurden später als Kanonenfutter eingezogen.

Einer von den beiden Söhnen der Familie fiel im Krieg. Als dieser verloren war, bekamen wir Deutschen den Bombenhagel ab.
Da die nahegelegenen Chemischen Werke gut getarnt waren, zerbombte man die angrenzenden Häuser, auch das meiner Großeltern. Opa starb unter den Trümmern im Bombenloch. Mein Vater kam vom Krieg verwundet nach Hause, hatte inzwischen drei Kinder, die in der Wohnung der Oma mütterlicherseits untergebracht waren.

Es war eine große und schöne Zechenwohnung nahe den Eisenbahnschienen, auf denen die Kohle transportiert wurde.
Opa Heinrich, der Vater meiner Mutter, kam aus Dortmund. Oma Paula kam aus einem Dorf bei Langenberg in der Nähe von Wuppertal.

Es war eine liebevolle Verbindung. Sie bekamen nur ein Kind: Nämlich meine Mutter, die aber nicht gerne Einzelkind war und sich später, im ersten Grundschuljahr, eine Schwester mit nach Hause brachte.
Die Mutter von diesem Mädchen war gestorben. Immer wieder wurde diese eigenwillige Schwester mehr verwöhnt, man wollte bei ihr nichts falsch machen, das nutzte sie natürlich aus.

Meine Mutter hatte sich das etwas anders vorgestellt. Das Gute aber überwog alles andere. Sie waren und blieben bis ans Lebensende Schwestern. Und zwei Cousinen mehr machten unser Leben reicher. Und jetzt, da beide Cousinen tot sind, haben wir noch guten Kontakt mit deren Kindern.

Meine Mutter wünschte sich bald eine eigene große Familie. Mein Vater Fritz hatte sich schon während der Schulzeit wahnsinnig in meine Mutter verliebt und noch vor Kriegsausbruch wurde standesamtlich geheiratet. Die ersten drei Kinder wurden immer beim Heimurlaub gezeugt. Als er verwundet aus dem Krieg kam, keine Arbeit, im Kopf das Kriegsgeschehen, Existenzkampf nicht nur für sich alleine, sondern für eine ganze Familie, das führte auch oft zu Problemen.

Zu Beginn des Krieges waren sie die Helden, immer auf der Siegerseite. Hitlers Wahnsinn: "Heute gehört uns Deutschland, morgen die ganze Welt" hat viel Unheil gebracht. Kaum einer wagte sich, ihm zu widersprechen. Sein allergrößtes Verbrechen war aber die Vernichtung der Juden. Ich weiß nicht, ob die Jungs an der Front von diesem Verbrechen gewusst haben.

Diese Generation war doch nicht geboren und erzogen worden, um andere zu erschießen. Diese inneren Konflikte ließen sie auch nach dem Krieg nicht los. Als mein Vater 1992 starb, lief in der Nacht vor seinem Tod der Krieg noch mal vor seinen Augen ab. "Da hatte ich die Jungs gerade über die Brücke gebracht, da brach sie zusammen."

Von dem Schnee erzählte er mir, den er aufgetaut hatte, weil er nichts zu essen und zu trinken hatte und von den Soldaten, die neben ihm im Schützengraben erschossen zurückbleiben mussten.

Sein Tod war 47 Jahre nach Kriegsende. Sie waren als andere Menschen aus dem Krieg zurückgekehrt, als die, die sie vorher waren!

Von den Vernichtungslagern habe er nichts gewusst, sagte er mir einmal. Es gab ja auch nicht viel Kommunikation. Ich habe es ihm geglaubt.

Als er starb, war ich 46 Jahre alt, denn ich bin am 22.11.1944 geboren.

Zeitfracht Medien GmbH
Ferdinand-Jühlke-Straße 7
99095 Erfurt, Deutschland
produktsicherheit@kolibri360.de